작은 커피집
BEANS

책아저씨네

임희근 옮김
레슬리 여키스 · 찰스 데커 지음

김영사

잭 아저씨네 작은 커피집

저자_ 레슬리 여키스·찰스 데커
역자_ 임희근

1판 1쇄 발행_ 2003. 8. 15.
1판 26쇄 발행_ 2022. 1. 26.

발행처_ 김영사
발행인_ 고세규

등록번호_ 제406-2003-036호
등록일자_ 1979. 5. 17.

경기도 파주시 문발로 197(문발동) 우편번호 10881
마케팅부 031)955-3100, 편집부 031)955-3200, 팩스 031)955-3111

이 책의 한국어판 저작권은 Korea Copyright Center를 통한
John Wiley & Sons, New York과의 독점 계약에 의해 김영사에 있습니다.
한국 내에서 보호를 받는 저작물이므로 무단전재와 무단복제를 금합니다.

값은 뒤표지에 있습니다.
ISBN 978-89-349-1327-6 03320

홈페이지_ www.gimmyoung.com   블로그_ blog.naver.com/gybook
인스타그램_ instagram.com/gimmyoung   이메일_ bestbook@gimmyoung.com

좋은 독자가 좋은 책을 만듭니다.
김영사는 독자 여러분의 의견에 항상 귀 기울이고 있습니다.

차례

추천의 글 ——— 7
책머리에 ——— 9
프롤로그 ——— 13

1. 펄펄 끓는 열정을 담은 커피 ——— 17
2. 모두 함께 퍼포먼스 하듯이 ——— 28
3. 일생 변치 않을 손님 ——— 45
4. 절대 물러서지 말아야 할 것 ——— 74
5. 더 큰 것은 단지 더 큰 것일 뿐 ——— 85
6. 모든 것은 커피 한 잔에서 나온다 ——— 101

에필로그 ——— 123
캐럴 위즈덤의 수첩에서 ——— 133
토론 자료 ——— 139

추천의 글

이 책은 시애틀 시내 어느 길 모퉁이에 있는 커피 가게 엘 에스프레소에 관한 이야기이다. 이 작은 커피집은 미국을 비롯해 전세계의 많은 가게와 기업을 대표하는 일반적인 형태의 사업체이다. 그러나 엘 에스프레소는 다른 사업체들과는 다르다. 언제나 손님들로 붐비는 이곳은 작은 규모를 유지하면서 가게를 확장하거나 분점을 만들지 않고, 정성을 다해 고객을 대접한다. 유능한 회사 간부들을 취재한 머릿기사가 넘쳐나는 이 시대에 엘 에스프레소를 운영하는 하트먼 부부는 언론매체의 주목을 받을 만한 유형의 사업가들이다. 그들은 지난 20여 년 동안 자신들의 가치관과 원칙에 충실해왔다. 그 결과 비가 퍼붓는 궂은 날씨에도 커피 한 잔을 사려는 사람들의 긴 행렬이 늘어 설 만큼 맛있는, 시애틀 최고의 커피를 파는 가게라는 명성을 얻게 되었다. 나는 해마다 수천 명의 관리자들과 함께 일을 하는데, 그들 대부분은 좀더 성공적인 비즈니스를 만드는 방법을 찾고 있다. 그것은 간단하다. 가능한 한 유능한 직원들을 고용해, 자신들의 능력을 십분 발휘할 수 있는 환경을 제공해주는 것이다. 직원들을 공정하게 대우해주고 능력에 대해 정기적으로 보상해서 그들

마음속에 고객을 대접하는 일에 대한 애정을 불러일으키는
것이다. 결과적으로 이는 고객을 감동시켜 다시 찾아오게 만든다.
이 간단한 진리가 바로 이 책이 전하는 메시지이다.
이것을 생활 속에서 적용할 수 있도록 책의 말미에 핵심 질문들을
정리해놓았다. 사업주든, 관리자든, 평직원이든 간에 현재 하는
일에 대해 자신이 어떤 태도를 가지고 있는지 알아보는
문항들이다. 지나치지 말고 이 질문들에 반드시 답해보기를
바란다.
이 책에서 만나게 되는 비즈니스는 모든 이가 단골손님이나
직원이 되고 싶어하는, 고객이 인정받고 존중받는 비즈니스다.
사람을 제대로 섬기는 일과 사업을 운영하는 일, 이 두 가지가
자연스레 합쳐지는 비즈니스인 것이다. 《잭 아저씨네 작은
커피집》에서 배우자. 이 이야기는 바로 당신의 이야기일 수도
있다.

밥 넬슨 《직원들에게 일한 만큼 보상하는 1001가지 방법》의 저자

책머리에

새로운 밀레니엄의 첫 해에 나는 인터넷 서점 아마존에서 일하고 있었다. 늦더위가 채 가시지 않은 어느 날, 내 친구 켄 블랜차드와 해리 폴이 함께 쓴 《펄떡이는 물고기처럼 Fish》이 아마존 닷컴 최상위권에 진입한 것을 축하하는 뜻에서 함께 점심을 먹자고 제안했다. 우리는 시애틀 퍼블릭 마켓으로 향했다.
점심을 먹기 전에 우리는 《펄떡이는 물고기처럼》에 나오는 유명한 '물고기를 던져가며 생기 있게 일하는 상인들'이 있는 '파이크 플레이스 피시(Pike Place Fish)'를 찾아가보기로 했다. 길을 걸어가면서 우리는 조그만 커피 가게 앞을 지나게 되었다. 그 앞에는 라테, 에스프레소, 카푸치노 등을 사기 위해 기다리는 손님들이 길게 줄지어 서 있었다. 나는 커피점과 줄지어 선 손님들을 가리키며 켄과 해리에게 다음과 같은 이야기를 들려주었다.
"비가 오든 눈이 오든 저 집은 커피를 마시려고 기다리는 손님들로 날마다 북적댄다네. 푹신한 소파, 벽난로, 그랜드 피아노 같은 것들을 갖춘 스타벅스, 털리스, 시애틀스 베스트 커피스가 점령한 시애틀 시내 한복판에서 말일세. 틀림없이 이 가게에는 뭔가 특별한 것이 있어. 자네들도 보면 알겠지만, 이 집은 여름용 옥외 테이블 두 개와 3미터 길이의 카운터뿐인 반 평 남짓한 공간에 불과하지. 그런데도 그저 살아남아 버티고 있는 정도가 아니라 번창하고 있잖은가. 이 가게는 엄청난, 거의 광적이라고까지 말할 수 있는 고객 충성도(customer loyalty)를 만들어낸 거야. 고객을 한곳에 헌신적으로 찾아오게 하려면 어떤 마법 같은 것이 있어야 한다니까.
내가 지켜본 결과 이 가게의 성공 비결은 바로 기본에 있어. 가능한 한 최고의 직원을 채용하고, 그에게 권한을 줘서 고객 서비스에 대한 애정을 불어넣는 것이지. 기본을 충실히 지키면 성공할 수 있어. 골리앗의 군대에 맞서 싸우는 다윗이든 《포천》지 선정 500대 기업 명단에 들어 있는 회사든 말이야."
우리는 여러 가지 이야기를 나누며 근사한 점심을 먹었다.

그 일이 있은 지 1년도 더 지난 어느 날, 《재미있게 일하기 *Fun Works*》의 저자이자 내 친구인 레슬리 여키스가 시애틀을 방문했다. 그녀와 함께 저녁을 먹으러 가면서 나는 일 년 전 엘 에스프레소 이야기를 들려주었다. 이틀 뒤 레슬리에게서 전화를 받았다. "찰스, 당신이 해주었던 이야기에 대해 곰곰히 생각해봤어요. 일리가 있는 것 같아요. 이 이야기를 책으로 쓰면 훌륭한 사례 연구가 될 것이고, 내 책의 자연스런 후속작이 될 수도 있을 것 같아요. 우리 같이 한번 해볼까요?"

이 책은 바로 나와 레슬리의 공동작품이다. 우리는 엘 에스프레소의 이야기를 통해 독자들이 스스로의 삶과 현재 하는 일에 대해 어떻게 느끼는지, 사업이 번창할 때와 그렇지 않을 때 어떻게 행동하는지 깊이 들여다볼 수 있기를 바란다.

맛있는 커피를 한 잔 가득 뽑아내듯이 성공을 만들어내는 데 이 책이 도움이 되었으면 한다.

찰스 데커

일러두기

이것은 실제로 커피점을 운영하고 있는 사람들의 생생한 이야기이다. 그들의 사생활을 보호하는 차원에서 이름은 모두 가명을 사용했다. 또한 여기 나오는 사실과 상황 가운데 일부는 가공한 것이다.

프롤로그

커피의 도시 시애틀에서

　이 책은 엘 에스프레소라는 커피점 이야기이다. 엘 에스프레소는 작은 규모를 유지하면서도 고군분투하여 번창한 커피점이다. 커피의 도시라 불리는 미국 시애틀 한복판에서 이야기는 펼쳐진다. 우리가 흔히 접할 수 있는 일상에서 일어나는, 골리앗 같은 기업형 점포에 맞서 싸우는 다윗 같은 구멍가게의 이야기이다. 그리고 한때 항공기 승무원으로 일하던 잭 하트먼과 다이앤 하트먼이 어떻게 시애틀 에스프레소 커피 무대의 왕과 왕비가 되었는지에 대한 이야기이다.

　또한 이 책은 엘 에스프레소를 위해 일한 사람들과 단골이 되고

자 한 사람들의 이야기이기도 하다. 여러분은 그들이 엘 에스프레소에 무엇을 불어넣었고, 무엇을 얻어갔는지 배우게 될 것이다. 그리고 엘 에스프레소가 어떻게 직원들의 삶을 변화시켰고, 이곳에 단골로 드나드는 시애틀 시민들의 삶을 어떻게 바꾸어놓았는지 알게 될 것이다.

이 책은 엘 에스프레소의 비즈니스 방법에 대해 말하고 있다. 이것은 오늘날 빠르게 변모하는 비즈니스 상황에 대처해나가야 하는 사람들에게 들려주는 이야기이다. 사실 이 책은 과거의 방식으로 돌아갈 것을 제안한다. 그것은 뉴욕의 거리마다 노점 상인들이 즐비했던, 유럽의 도시마다 사람들이 매일같이 자신의 제품과 서비스를 팔기 위해 중앙시장으로 몰려들었던 시대의 방식이다.

이 책은 우리에게 광속으로 움직이는 세상에서 살아남을 수 있는 한 가지 방법을 보여준다. 다시 말해 한 사람 한 사람이 삶과 사업을 어떻게 자신의 것으로 만들고 나아가 열정적이게 할 수 있는지, 어떻게 세상이 이러한 사람들로 넘쳐나게 할 수 있는지 보여준다.

특별히 이 책은 4P, 즉 열정(Passion), 사람(People), 친밀(Personal), 제품(Product)이 어떻게 현재 우리가 하고 있는 일을 개선하도록 도와주는지에 대한 이야기이다. 이것은 우리가 사업주든, 새롭게 일을 시작하는 관리자든, 좀더 멋지게 일할 방법을 찾는 월급쟁이든 간에 적용할 수 있다. 그리고 '의도의 눈'이라는 프리즘을 통해 결과를 올바르게 판단할 수 있다.

또한 커피 한 잔의 품질, 우리가 하는 일의 질은 그것에 들인 노력의 직접적인 결과라는 것이 이 책이 간직한 비밀이다. 이 책은 우리가 날마다 좋은 재료를 고르고 일정한 양을 정해서 일할 때 얼마나 훌륭한 제품을 만들어낼 수 있는지 명확히 보여줄 것이다.

이 책은 하던 일을 잠시 멈추고 '4P'에 대해, 그리고 그것이 일에서 어떻게 발현되는지 곰곰이 생각해볼 기회를 제공할 것이다.

다른 이야기와 마찬가지로 이 책에도 기승전결이 있다. 숨은 뒷이야기도 있고, 미지의 앞날도 있다. 이 책을 통해 사업이 번창할 때나 그렇지 않을 때나 항상 자신의 일과 삶에서 장기적인 성공을 이루어낼 방법을 찾기를 바란다.

1
펄펄 끓는 열정을 담은 커피

고객에게서 열정을 끌어내는 일은
매일매일 고객에게 열정을 가르치는 것에서 시작된다.

시애틀에서 퍼짓사운드를 건너
워싱턴 주 윈슬로 베인브리지
오전 5시 55분

잭 하트먼은 자리에서 일어나 새벽 6시에 맞추어진 자명종이 울리기 5분 전에 눌러서 껐다. 여러 해 동안, 거의 있을 수 없는 일이지만 혹시 늦잠을 자게 될 경우에 대비해 자명종을 맞추어 놓는 것이 그의 습관이었다. 계속 잠만 자기에는 삶은 너무 재미있었을 뿐더러 너무 짧았다. 콘티넨털 에어라인의 승무원으로 일할 때 잭은 한 번도 시간에 늦어 항공편을 놓쳐본 적이 없었다. 언제나 비행이라는 모험을 떠날 때 그는 가장 먼저 출근하는 사원이었다. 비록 승무원으로 일한 것은 오래전의 일이었지만, 잭은 여전히 누구보다 일찍 일어나 먼저 출근하는 사람이었다.

잠에서 깨면 그는 의례적으로 아침 세면을 시작한다. 후닥닥 샤워를 한 후 이를 닦는다. 그러고는 모닝 커피를 마시기 위해 부엌으로 향한다. 이는 대부분의 사람들에게는 익숙한 일상이지만, 잭에게는 완전히 다른 일이다. 잭이 만드는 모닝 커피는 '미스터 커피'에서 간단히 뽑아낸 것도, 인스턴트 커피 한 스푼을 물에 타서 전자레인지에 데운 것도 아니다. 잭의 하루를 여는 커피 한 잔은 진하고 향기 가득한 에스프레소이다. 반짝반짝 윤나는 스테인리스 스틸로 된 '킹 커피 에스프레소' 기계에서 뽑아낸 카페인과 향취와 사랑이 뒤섞인 강력한 묘약이다. 이 커피메이커는 카페인을 열망하며 찾아오는 이들의 입맛을 만족시키기 위해 사용하는 엘 에스프레소의 유명한 '라 마조코' 모델에 비하면 어린아이 걸음마 수준이다.

 잭은 커피의 왕으로 알려져 있다. 그는 시애틀 거리에 위치한 에스프레소 커피점을 수천 명의 시애틀 시민들이 매일같이 커피 한 잔을 사 마시기 위해 들르는 곳으로 만들어놓았다. 지난 20년 동안 잭은 매일 아침 일찍 일어나 10단 변속의 비앙키(Bianchi) 자전거를 타고 엘 에스프레소로 출근해 시애틀 사람들에게 에스프레소를 뽑아주었다. 그리고 지난 12년 동안 이 길을 밟으며 30분씩 명상을 하곤 했다. 잭은 명상을 통해 삶을 단순하게 만들었

잭 아저씨네 작은 커피집

BEANS; Four Principles for Running a Business in Good Times or Bad
by Leslie Yerkes, Charles Decker

Copyright ⓒ 2003 by John Wiley&Sons, Inc.
All rights reserved.
Authorized translation from the English language edition was published by Jossey-Bass, Inc. a John Wiley&Sons, Inc. company.
Korean Translation Copyright ⓒ 2003 by Gimm-Young Publishers, Inc.
This Korean edition is published by arrangement with John Wiley&Sons, Inc.
company, Hoboken, New Jersey through KCC, Seoul

다. 그는 세상의 근심거리를 체로 거르듯 걸러내고, 숨쉴 틈 없이 해야 할 일들과 수백 명의 손님들이 기다리고 있는 하루와 대면할 준비를 하면서 낯익은 문장들을 떠올렸다. 그는 삶을 평화롭게 유지함으로써 삶을 단순하게 만들고자 했다.

이날 아침 아내 다이앤은 6시 45분에 뒤따라 일어나 잭에게 짤막한 아침 인사를 건네고 에스프레소 커피를 한 잔 마신 뒤, 친구들과 함께 퍼짓사운드로 운동을 하러 나갔다. 다이앤은 지난 20년 동안 잭의 삶의 반려자이자 사업의 동반자였다.

흔히 소설처럼 잭과 다이앤은 비행 중에 기내에서 만났다. 승무원으로 일하던 그들은 DE-10기의 기내 조리실에서 승객에게 줄 모닝 커피를 준비하다가 만났던 것이다. 두 사람은 만나는 순간 자연스럽게, 마치 커피와 크림처럼 서로 끌리는 것을 느꼈다. 몇 년을 하늘에서 근무하고 나서 잭과 다이앤은 승무원 생활을 그만두기로 했다. 1980년 잭은 시애틀 중심가에 위치한 엘 에스프레소라는 이름의 커피점을 샀다. 다이앤은 자신이 사람들에게 커피를 대접해온 세월이 어언 35년이라는 이야기를 즐겨 하곤 한다. 처음 14년은 공중 3만5천 피트 높이의 비행기 안에서, 그다음 21년은 해발 35피트 높이의 시애틀 중심가에서.

지난해 다이앤은 자신이 원하는 일은 뭐든지 할 수 있었다. 왜

냐하면 지난 15년 동안 일해온 엘 에스프레소에서 은퇴했기 때문이다. 그렇긴 했지만 그녀는 일주일에 며칠은 가게에 나와 일을 돕고 있다.

다이앤이 나간 후 잭은 간밤에 구운 초코칩 쿠키를 포장하기 시작했다. 이 쿠키는 잭의 가게에 드나드는 손님들이 즐겨 찾는 명물이었다. 만약 그날치 쿠키가 떨어지고 없다면 손님들은 틀림없이 실망할 터였다. 잭은 이 쿠키를 가리켜 자신이 괴물을 만들었노라고 자주 말하곤 한다. 쿠키야말로 손님들이 얼마나 잭을 좋아하며 잭이 사업하는 방식을 좋아하는지를 여실히 보여주는 '괴물'이 아닐 수 없다. 이러한 괴물이라면 얼마든지 있어도 좋을 것이다.

잭은 쿠키를 자전거 트레일러에 싣고 베인브리지 섬의 여러 언덕들을 지나 페리 선착장을 향해 6.4킬로미터 거리의 여행을 시작했다.

자신의 일터인 엘 에스프레소로 굽이굽이 이어진 길로 들어설 때마다, 오르막길과 내리막길을 지날 때마다 잭은 시애틀에서 퍼짓사운드를 가로질러 전원적인 이 섬에 자리잡기까지 자신이 지나온 과거를 생각하게 된다. 잭은 커피에 대한 열정, 대화에 대한 열정, 공동체를 만드는 일에 대한 열정을 발휘하기 위해 자기 사업을 시작했다. 그러한 욕구를 충족시켜주는 곳이 흔치 않았기 때문에, 잭은 자신의 일자리를 스스로 만들었던 것이다.

1979년 콘티넨털 에어라인은 시애틀 공항에서 철수할 것을 발표했다. 잭과 다이앤은 선택을 해야만 했다. 계속 승무원으로 일하려면 다른 도시로 옮겨가야 했기 때문이다. 전근이 싫다면 새로운 경력을 찾아야 했다. 그들은 자신들의 삶의 방식을 좋아했으므로 결정은 어려울 수밖에 없었다. 그러나 그들은 비행보다 시애틀을 더 중요하게 생각하고 있다는 사실을 알게 되었다. 사실 그들이 좋아한 것은 비행 자체라기보다는 비행 중에 만나는 승객들이었다. 따라서 잭과 다이앤은 열정을 충족시켜줄 수 있는, 사람 중심의 일을 찾아야 했다.

페리 선착장 방향으로 언덕을 내려가면서 잭은 승무원 생활을 그만두고 자신이 처음 사업을 시작했던 때를 떠올렸다. 잭의 첫 번째 사업은 워싱턴 호수에 있는 배 위의 바(bar)를 운영하는 것이었다. 잭은 무엇이든 해야겠다는 생각에 친구 몇 명과 함께 이 사업을 시작했다. 사업이 어느 정도 안정되어 갈 무렵 잭은 그 일이 자신의 경력에 도움이 되지 않는다는 사실을 깨달았다. 술과 음료를 팔면서 그는 자신이 충분히 만족하고 있지 않다는 것을 알았다. 그는 사람들을 행복하게 만드는 것을 좋아했지만, 이 일

은 뭔가 아귀가 맞지 않았다. 마침내 그는 그 '뭔가'가 무엇인지를 찾아냈다. 술은 잭이 열정을 바칠 만한 대상이 아니었던 것이다. 그는 한 번 더 변화할 필요가 있다고 생각했다.

몇 년 전 잭은 대학가에 있는 '카페 알레그로'라는 작은 커피점에 드나든 적이 있었다. 그때 마셨던 커피는 오래도록 잭의 기

억 속에 선명하게 남아 있었다. 커피를 마셨을 때 기운이 솟는 듯한 느낌이 들었던 것이다. 또한 승무원 생활과 커피는 떼려야 뗄 수 없는 것이었다. '카페 알레그로'에서의 경험과 승무원 시절의 경험은 맛있는 커피 한 잔이 사람들을 기분 좋게 만들고, 활기찬 하루를 보낼 수 있게 해준다는 사실을 깨닫게 해주었다. 그래서 이미 어느 정도 기반이 잡힌 커피점을 사들일 기회가 생겼을 때, 잭과 다이앤은 자본금을 마련해 주저 없이 이 일에 뛰어들었던 것이다.

선착장에 이르면 매일 되풀이되는 자전거 여행의 첫 번째 구간이 끝난다. 6.4킬로미터를 자전거로 달리다 보면 잘 뽑은 에스프레소 커피를 마신 것처럼 온몸에 힘이 넘치고 좋은 생각이 샘솟는다. 그는 페리 선상에 자전거를 올려놓고 안전한지 확인한 다음, 위쪽 갑판을 바라보며 퍼짓사운드를 가로질러 가는 30분 동안의 아름다운 여행을 시작했다.

배가 움직이면서 뱃전에 물결이 부딪쳤다. 이것을 물끄러미 바라보며 잭은 엘 에스프레소와 함께 걸어온 자신의 인생을 되돌아보았다.

엘 에스프레소를 개업한 후 처음 3년 동안 잭과 다이앤은 커피에 대한 모든 것을 배우는 데 온 정성을 쏟았다. 그들은 승무원으로 일하던 때처럼 자신들의 열정을 완벽한 커피 한 잔을 만들어 손님에게 대접하는 일에 바쳤다. 열정으로 만들어낸 커피는 곧 최고의 커피가 되었다. 하지만 그들이 깨달은 사실이 하나 있었다. 커피를 만드는 사람뿐만 아니라 손님들도 커피에 그만큼의 열정을 가져야 한다는 것이었다. 이때부터 잭과 다이앤은 손님들이 열정을 갖기를 기다리지 않고 직접 뛰어들어 열정을 만들어나가기 시작했다.

잭은 늘 자기 자신에게, 다이앤에게, 직원들에게, 그밖에 자신의 말에 귀기울이는 사람들에게 '열정을 끌어내는 일은 매일매일 열정을 가르치는 일에서 시작된다'라고 말하곤 했다. 그는 이 말이 현실이 되어 열정을 느끼는 사람들이 점점 늘어나리라는 것을 알고 있었다.

'당신이 만드는 제품을 완벽하게 사랑할 때, 고객 또한 그 제품을 사랑하리라는 것은 당연한 일이다'.

잭은 이 말을 행동으로 실천했다. 사람들이 엘 에스프레소에 열정적인 반응을 보이도록 하기 위해 그가 맨 처음 한 일은 커피를 두 배로 진하게 뽑는 것이었다. 잭은 이것이 엘 에스프레소의 커피가 다른 가게의 커피보다 맛있는 비결이라고 생각했다. 그리고 이것은 효과가 있었다.

배가 부두에 정박하면서 시애틀의 스카이라인이 시야에 어슴푸레 들어오자, 잭은 다시 현실로 돌아왔다. 현재 엘 에스프레소의 상황은 완벽하지 않다. 재정적인 것뿐만 아니라 직원들도 문제가 있다. 이 문제들은 잭의 열정을 위협했다. 설상가상으로 경제는 전반적으로 침체된 상황이다.

가게의 단골손님들은 대부분 변함없이 찾아준다. 그러나 얼마 전 엘 에스프레소 옆 건물에 들어서 있던, 시애틀에서 가장 많은 직원을 고용한 회사 가운데 하나인 닷컴 회사가 멀리 떨어진 새 사무실로 이전하게 되었다. 그 회사의 직원들이 엘 에스프레소 손님의 큰 비중을 차지했기 때문에 이 일은 잭의 사업에 두 가지 치명적인 영향을 미쳤다.

첫째, 단골 중에도 으뜸가는 단골손님들이 사라진 것은 커다란 타격을 주었다. 매일매일 오던 수백 명의 단골손님들을 다른 사람들로 대체하기란 힘든 일이었다. 물론 기존의 고객들을 관리하면서 새로운 고객들을 만들어내는 것이 이론적으로는 가능하다고 생각했다. 하지만 그럴 만한 시간이나 정신의 여유가 있는지에 대해서는 확신이 들지 않았다.

둘째, 직원들은 자신들의 앞날을 걱정하고 있었다. 직원들에게 근심이 있으면 손님들은 금세 알아차린다. 가장 눈에 띄는 일은 엘 에스프레소에서 중요한 역할을 맡고 있는 조지 거스리가 매우 지쳐 있는 모습을 보인다는 것이었다. 그는 8년 동안 잭과 함께 일해온 직원인데, 잭은 손님들이 조지를 매우 좋아한다고 생각했다. 잭은 조지와 허심탄회한 대화가 필요하다는 것을 느끼고 있었지만, 그것이 감정적으로 힘들다는 것도 알고 있었다. 일을 즐기는 잭에게도 이런 일은 곤욕이었다.

잭은 가장 친한 친구이자 동반자인 다이앤과 많은 이야기를 나눈 뒤, 현재 상황을 정확하게 분석하고 해결책을 찾는 데 도움을 줄 만한 비즈니스 컨설턴트를 만나보기로 마음먹었다. 그는 컨설턴트가 커피 체인점들간의 경쟁이 점점 더 치열해지는 상황에 효과적으로 대처하기 위해서는 사업을 확장해야 한다고 조언하지나 않을까 몹시 두려웠다. 이전에 상의했던 어느 컨설턴트는 바로 이처럼 충고했던 것이다. 그의 충고를 따라 사업을 확장했지만 결과는 형편없었다. 잭은 사업 확장에는 흥미가 없었다. 그에게는 더 큰 것이 반드시 더 좋은 것만은 아니었다. 더 큰 것은 단지 더 큰 것일 뿐이었다.

 10시에는 잭이 마지막으로 기댈 곳이라고 믿는 컨설턴트 캐럴 위즈덤과 만날 약속이 있다. 활짝 개인 시애틀에서 이 역경을 딛고 일어서기 위해 이제부터 그는 최선을 다해야 한다.

2
모두 함께 퍼포먼스 하듯이

모든 일터는 그곳에서 일하는 사람들의 모습을 반영한다.

피어 52
시애틀 만
오전 8시

'이 언덕들만 없어도 시애틀 시내를 돌아다니기가 훨씬 쉬울 텐데.' 잭은 1단 기어를 넣고 천천히 페달을 밟아 스프링힐을 오르면서 이러한 생각이 들었다. 하지만 한편으로는 '언덕이 없다면 시애틀의 매력이 사라지지 않을까?' 라는 생각도 들었다. 한 가지 생각은 꼬리에 꼬리를 물고 다른 생각으로 이어지곤 한다. '속 썩이는 직원들만 아니라면 사업이 훨씬 더 쉽지 않을까? 그런데 직원들 없이 도대체 사업이라는 것이 가능하기나 할까?'

서른이 넘은 나이에 어디선가 일을 하고 있는 사람이라면 공감하겠지만, 잭은 회사와 직원 사이에 애증 관계가 형성되어 있는 직장문화 속에서 살아왔다. 회사와 직원의 관계는 마치 '남(여)자는 여(남)자와 함께 살 수 없지만, 여(남)자 없이도 살 수 없다' 는 남녀에 관한 해묵은 농담과도 같다. 지난 수백 년 동안 고용주 중심의 사고방식에서 직원은 필요악이었다. 기분이 내키는 대로 살면서, 끊임없이 문제를 제기하고 제멋대로 행동해서 일을 망쳐놓는 직원들만 아니라면 모든 사업은 훨씬 원활하게 굴러갈 것이라는 생각이 일반적이었다. 다행히 잭은 한 번도 이와 같이 느껴본 적이 없었다. 그에게는 직원들이 사업의 심장과도 같은 존재이기 때문에 직원이 필요악이라는 그런 생각은 마음을 불편하게 만들었다. 어떤 비즈니스가 남다른 사업이 될 수 있는 것은 거기에 참여하는 사람들이 지닌 다양한 개성 덕분이 아니겠는가? 그런 의미에서 엘 에스프레소야말로 잭의 경영 철학이 고스란히 담긴 본보기였다.

직원들이 아니었다면 자신이 지금 이 자리에 있을 수 없다는 것을 잭은 잘 알고 있었다. 하지만 최근에 그는 좌절에 빠지게 되었다. 시애틀 시내의 번화가에 위치한 엘 에스프레소로 가는 길 중에서 가장 가파른 길을 오르면서, 잭은 복잡한 머릿속을 비우기 위해 애썼다.

자전거를 타고 스프링힐을 오르는 것은 언제나 힘겹다. 나이가 들면서 잭은 점점 더 자전거가 아닌 그냥 걸어서 언덕을 오르는 것이 어떨까 하는 생각을 갖게 되는 자신을 발견한다. 그는 여전히 자전거를 타고 매일매일 이 언덕을 정복한다. 최근 들어서 이 언덕이 조금씩 가파르게 느껴지고는 있지만 잭은 생각한다. '자, 최소한 나는 이제 가게문을 여는 일을 하지 않아도 되잖아. 조지가 지난 몇 해 동안 가게문을 열고 영업을 시작하는 일을 도맡아왔어. 그리고 그는 이 일을 아주 잘하고 있어. 하루의 나머지 시간에도 아침처럼만 일해준다면 좋겠지만.'

잭은 이제 더 이상 엘 에스프레소에 하루 종일 있을 필요가 없다. 아니 사실 잭은 가게에 전혀 나가지 않아도 된다. 잭은 조용히 엘 에스프레소의 성격을 바꾸어놓았다. 그와 다이앤이 키워온 이 커피점을 명실공히 하나의 사업으로 탈바꿈시켜놓은 것이다. 잭은 항상 마음속으로 '이 커피점이 사업다운 사업이라면, 모두 직원들 덕분이다. 사장 없이도 직원들이 성공적으로 운영해나갈 수 있기 때문이다'라고 생각한다. 이 말은 엘 에프스레소를 팔 수도 있다는 것을 의미한다. 지금으로서는 그것에 관심이 없지만, 언제든 마음만 먹으면 팔 수 있다고 생각하기 때문에 한편으로 안심도 된다.

그는 자신이 변화를 불러와도 이 사업은 지속되리라고 생각하면서 위안을 얻는다. 직원들은 일자리를 잃지 않을 것이고, 손님들은 매일 마시던 커피를 계속 마실 수 있을 것이다. 이러한 믿음이 있기 때문에 매일매일의 아픔과 고통을 참아내며 더욱 분발하게 되는 것이다.

언덕의 꼭대기를 오르면서 잭은 지난날 엘 에스프레소를 위해 일했던 여러 직원들의 얼굴을 하나하나 떠올렸다.

매트 맥밀런은 잭이 고용한 첫 직원이었다. 그는 도무지 이런 커피점에서 일할 것 같지 않은 사람이었다. 천성이 내성적이었고, 사람을 그리 좋아하는 편이 아니었다. 그러나 매트는 20여 년 동안 잭과 함께 일한 후 은퇴했다. 그동안 그는 수천 명의 손님 이름과 그들에 관한 여러 가지 것들을 기억했다. 손님들은 커피가 맛있기도 했지만, 매트가 있었기 때문에 변함없이 단골로 찾아주었다.

매트 본인에게 물어보면 손님들 곁에서 일일이 챙길 필요가 없다고 하겠지만, 막상 그의 서비스를 받은 손님들 입장에서 본다면 다를 것이다. 지난주 매트가 안부 인사를 하기 위해 지나는 길에 잠시 가게에 들렀다. 그는 가게에 머무른 20분 동안 반가운 마음에 다가와 와락 껴안는 손님들을 상대하느라 정신이 없었다. 손님들은 매트에게 다시 여기에서 일하는 거냐고 연거푸 물어댔다. 아니라고 말하기는 했지만, 그의 두 눈에 어리는 빛을 봐서 잭은 그가 맛있는 커피를 뽑아 손님들을 즐겁게 해주던 시절을 그리워하고 있다는 것을 알 수 있었다. 또한 다시 일하는 것을 고려해볼 만큼 미련이 많다는 것을 눈치챌 수 있었다.

 잭이 생각할 때 매트는 "일이 돈보다 앞선다"라는 말을 실천한 엘 에스프레소의 첫 번째 직원이었다. 일을 갖는다는 것이 단지 월급을 받는다는 것만을 의미한다면, 엘 에스프레소에서 일했던

직원들 모두 다른 직장에 가서 더 잘할 수 있었을 것이라고 잭은 확신한다. 하지만 일이란 돈 이상의 그 무엇이다. 현재 자신의 일을 즐길 수 있어야 비로소 진짜 일이라고 할 수 있다. 그것은 마음속의 필요를 충족시킴과 동시에 자기 자신을 성장시킨다. 그래서 잭은 언제나 새로운 직원을 채용할 때 열정을 가졌는지, 태도가 올바른지를 최우선 기준으로 내세웠다. 그 둘을 겸비한 사람이라야 맛있는 커피를 뽑는 데 필요한 기술을 가르칠 수 있

다는 것이 그의 소신이었다. 매트는 바로 이와 같은 사람이었다.

마리아 폴세토는 또 다른 본보기가 되는 인물이었다. 마리아의 말과 행동에는 그릇된 것이 티끌만큼도 없었다. 마리아는 마치 마술 같았다. 그녀 곁에 있는 것 자체가 바로 믿기 힘든 마술이었다. 아직도 그녀는 엘 에스프레소에서 일한 것이 자신의 일생에서 가장 특별한 경험이었다고 말하곤 한다. 잭은 마리아가 스스로 그렇게 만든 것이라고 굳게 믿는다. 잭은 사람이 일터의 환경을 반영하기도 하지만, 모든 일터는 그곳에서 일하는 사람들의 모습을 반영한다고 생각한다. 마리아는 엘 에스프레소에서 일하는 것이 마치 행위예술가의 퍼포먼스 같다고 입버릇처럼 말하곤 했다.

"엘은 우리의 공간이자 무대지요. 손님들은 물처럼 흘러들고, 커피 한 잔을 마시러 들른 손님들 모두 계속되는 퍼포먼스를 보면서 판단을 하겠죠. 퍼포먼스가 만족스럽고, 어떻게 전개될지 예측이 가능하면서도 끊임없이 변화한다면 손님들은 날마다 퍼포먼스를 보기 위해 오지 않겠어요?"

잭은 직원들이 손님들과 가까워지는 것을 적극적으로 돕는다. 손님들이 직원들과 친밀하다면 경쟁관계에 있는 다른 가게에 가서 돈을 쓸 마음이 적어지는 것이 사실이기 때문이다. 직원들이 손님의 이름은 물론 가족의 이름, 나아가 퇴근 후에 어떤 취미 생활을 하는지까지 알고 있을 때 손님과 직원, 가게의 제품 사이에는 강한 유대관계가 형성된다. 따라서 혹시 다른 곳에서 커피 한 잔이라도 사 마신다 치면 마치 배신이라도 하는 듯한 느낌을 갖게 되는 것이다. 손님이 이와 같이 느낀다면 당연히 사업에 매우 유익하지 않겠는가.

그럼에도 불구하고 현재 엘 에스프레소는 장사가 잘 안 되고 있었다. 특히 이제까지 늘 붐비는 시간이었던 아침 시간에 손님이 뜸해진 것이다. 직원들이 손님과 가까워지지 못한 게 문제인가? 아니면 애당초 충분한 손님을 확보하지 못한 탓인가? 아니면 이 둘 다인가? 잭은 답을 알아내야 했다.

시애틀 시내
파인 스트리트와 4번가가 만나는 모퉁이 커피집 엘 에스프레소
오전 8시 30분

잭은 조그만 커피점 엘 에스프레소의 문을 밀고 들어가면서 오늘은 왠지 기분 좋은 날이 될 것 같은 생각이 들었다. 손님들은 벌써 줄을 길게 늘어서 있었다. 조지는 명랑했다. 조지와 엘

리자베스 두 직원은 가게에 들어오는 손님들을 반기고 줄지어 선 손님들과 이야기를 나누면서도 숙련된 솜씨와 재빠른 손놀림으로 여러 잔의 커피를 만들어내고 있었다. 오래된 친구끼리 혹은 새로 사귄 사람끼리 이야기를 주고받으면서 줄지어 기다리는 손님들이 볼 때 만족할 만한 솜씨였다.

조지와 엘리자베스가 아침에 밀려드는 손님들을 상대하는 동안 잭은 쿠키의 포장을 뜯으면서 생각했다. '시시콜콜한 것까지 일일이 지시하지 않아도 가게를 잘 운영해나가는 직원들을 두었으니 난 참 운도 좋지 뭐야.'

오늘 들어 두 잔째 커피를 만들면서 잭은 짐 하우즈를 생각했다. 엘 에스프레소의 손님인 짐은 어제 자신의 푸념과 하소연을 들어주고 위로해줄 상대를 찾아서 가게에 들렀다. 그는 매일 아침 거의 같은 시간에 파김치가 된 모습으로 나타나서는 커피 한 잔을 마신 뒤, 3번가에 있는 자신의 가게로 터벅터벅 걸어가서 10시에 가게문을 연다. 그는 저녁 8시까지 거기 있다가 야간 담당 지배인에게 뒷정리를 맡기고 퇴근한다. 하지만 새벽 3시 영업이 끝난 가게로 다시 와서는 술을 비롯한 재고목록을 살펴보며 직원들이 혹시 뭐라도 슬쩍 하지 않았는지, 매상에 손을 대지 않았는지 확인한다.

"저 인간들에게 감시의 눈을 늦춰선 안 되지. 안 그랬다가는 스리슬쩍 해먹는다니까. 안 그런가, 잭?"

잭은 짐의 말을 듣고 경악을 금치 못했다.

"그럼 밤마다 자다가 일어나 가게로 다시 와서 술병 개수랑 술이 담긴 높이를 확인한단 말인가? 직원들이 혹시 슬쩍하지 않았나 보려고? 인생 그렇게 살지 말게, 짐. 나라면 절대 그렇게 안 할 걸세. 물론 실제로도 안 하고 있고."

"그러면 가게에서 생긴 이익을 직원들이 가져가게 내버려두라고? 자네 가게는 우리보다 이익이 많이 남는 모양일세. 하지만 장사를 계속 할 셈이라면 절대로 아무것도 운에 맡겨둘 수는 없지."

"글쎄, 그렇다면 각자의 생각대로 할 수밖에."

잭이 어쩔 수 없다는 듯 어깨를 으쓱하며 말했다.

"하지만 나는 우리 직원들은 좋은 사람이라고 믿기에, 그들이 알아서 스스로 일하게 내버려 둔다네."

"알아서 일하게 한다고?"

"감독도 안 하고? 어떻게 그렇게 할 수 있지? 내가 날마다 지배인에게 하루에 할 일을 적어주면, 지배인은 다한 일을 꼬박꼬박 표시해서 매일 밤 퇴근할 때 놓고 간다네. 나머지 일은 다음날

목록에 다시 올리면 물 샐 틈이 없다니까."

"내 철학은 좀 다른데. 난 내 직원들이 올바른 일을 하리라 믿네. 그래서 그들이 일을 제대로 안 하면 어쩌나 걱정하면서 주위를 맴돌지 않는다네. 자네도 알겠지만 믿음은 두려움보다 강하다네. 내가 기대하는 바가 무엇인지, 우리의 사명이 무엇인지를 직원들에게 말해준 다음 그 주, 그 달, 그 해의 목표에 대해 이야기하지. 어떤 일들을 개선해나가기 위해 우리가 사용할 수 있는 돈에 대해 이야기를 나누고, 직원들을 그냥 내버려두지. 내가 목록으로 써줄 수도 있는 세세한 일들에 대해 직원들 스스로 일일이 신경을 쓸 뿐만 아니라 아이디어를 내놓기도 하지. 종종 내 아이디어보다 더 좋은 것이 나올 때도 있는데, 직원들은 묵묵히 이를 실행에 옮긴다네. 그들이 엘 에스프레소를 자기 가게처럼 여기고, 주인이라면 당연히 했을 일들을 한다고 생각하면 흐뭇하다네."

"그래, 잭, 자네가 나보다 낫네. 난 그렇게 할 수 있다고 생각하지 않으니까. 하지만 매일 새벽 3시 가게에 다시 나와서 직원들이 해놓고 간 상태를 점검하는 것보다 자네 방식이 훨씬 호감이 간다는 걸 인정해야겠군. 자네 말에 대해 나도 다시 한 번 생각해봐야겠네."

잭은 짐과의 대화를 다시 생각해보면서 자신이 무엇을 하고 있는지 확실히 알 수 있을 것 같았다. 그러나 자신의 말이 사실이라면, 컨설턴트에게 비용을 치르면서까지 조언을 구할 필요가 있을까? 그리고 조지에게서 느끼는 문제도 없을 것 아닌가? 이 문제들을 해결하기 전에 우선 그는 아침 시간을 바쁘게 보내야 했다.

시애틀 시내
파인 스트리트와 4번가가 만나는 모퉁이 커피점 엘 에스프레소
오전 9시 30분

엘 에스프레소에 늘어선 줄은 길어졌다 짧아졌다 하지만 완전히 없어지지는 않기 때문에, 어느 시간이 정말 바쁜지 알아내기 힘들다. 그러나 잭과 직원들에게는 오전 9시 30분이면 잠깐 숨을 돌릴 수 있는 여유가 생긴다. 10시 쯤이면 사람들이 정신을 번쩍 들게 해줄 만한 커피 한 잔을 오전의 커피 타임을 이용해 찾아서 떼지어 길거리로 몰려나올 것이기 때문이다. 잭은 조지와 단둘이 이야기하는 것을 도저히 더는 미룰 수 없다고 생각했다. 잭은 단도직입적으로 이야기를 꺼내리라 마음먹었다.

조지는 날마다 이맘때면 가 있는 곳에 있었다. 스탠드 등판에 기대어 김이 모락모락 피어오르는 디캐프 한 잔을 들고 있었다.

"바쁜 아침이지, 조지?"

"그러네요."

조지는 볼멘 소리로 머뭇거리면서 말했다. 곁에서 보기에도 그의 두 눈은 모락모락 피어오르는 커피의 훈김 속에 숨은 어떤 남모를 진실을 찾아내려 애쓰고 있는 것 같았다. '조지는 자신의 마음이 편치 않다는 걸 내가 알고 있다는 사실을 인정할 수밖에 없을 거야. 직원이 사장하고 눈을 맞추려 하지 않을 때는 백발백중 뭔가 잘못되었음을 사장이 안다는 사실을 직원도 안다는 뜻이지.'

일이 생각보다 힘들어질 것 같았다. 예상한 것보다 훨씬 더 힘들 것이 확실했다.

"조지, 아침 시간에 몰려드는 손님 수가 전만 못한 것을 알고 있나?"

"예, 저도 압니다."

"아침 매상도 떨어졌어."

"손님 수가 줄었으니 당연히 그렇겠죠."

힘들어지겠군, 잭은 생각했다.

"그리고 아침에 들르던 단골손님 몇 명이 이제는 안 오는 것 같더군."

잭은 조지가 대화를 이어가기를 바라면서 잠시 말을 멈추었다. 그러나 조지는 침묵을 지킬 뿐이었다. 불편한 시간이 조금 흐른 뒤 잭이 말을 이었다. "고객 서비스를 한번 점검해볼 필요가 있지 않을까?"

"엘리자베스와 저는 일을 잘하고 있습니다. 저희 때문이 아닙니다." 조지는 방어적인 태도를 보이며 특유의 딱딱한 어조로 말했다.

"때때로 기분이 좋지 않을 때, 손님들에게 최선을 다하고 있지 않다고 생각할 수 있지. 자네에게도 이러한 일이 있나?" 잭이 말했다.

"우리 손님이 줄어드는 것은 옆집 닷컴 회사가 다른 곳으로 이전했기 때문이라고 생각합니다. 많은 사람들이 한꺼번에 줄어들었으니 매상이 떨어지는 것은 당연하지요." 조지는 들고 있던 커피잔을 한 번 툭 치면서 무럭무럭 피어오르는 김을 물끄러미 바라보고 있었다.

"물론 그것도 한 가지 이유일 거야. 하지만 아침에 손님이 줄어드는 문제는 그 전부터 시작되었어. 난 그 회사 말고 다른 단골들을 말하는 걸세. 우리는 단골들을 잃고 있다니까. 그리고 닷컴 회사의 단골들이 빠져나간 만큼 다른 손님을 끌어들이려면 더 열심히 일을 해야지."

"저에게 뭔가 하실 말이 있다면, 아예 대놓고 말씀하시지 그래요? 손님이 줄어드는 것이 제 잘못이라고 생각하시는 거죠, 그렇죠?"

"그런 말은 안 했어."

"말씀 안 하셔도 됩니다. 사장님의 표정에서 읽을 수 있어요. 아시겠지만 날마다 똑같은 일을 한다는 것이 쉬운 일은 아니에요. 사장님은 이제 가게에 자주 나와 계시지도 않잖아요. 사장님은 언제나 대기하고 있으면서, 기분이야 어떻든 무조건 친절하게 웃으면서 손님을 대한다는 것이 얼마나 힘든 일인지 잊으신 것 같군요. 그게 아니라면 요즘 시기가 어떤 시기인지를 잊으신 것이든가."

"아니, 난 알고 있어. 일이란 우리가 바라는 대로 늘 쉽게 이루어지는 것이 아니야."

"이 이야기는 나중에 다시 하면 안 될까요? 저 화장실에 좀……." 조지는 휙 돌아서더니 화장실 쪽으로 걸어가버렸다. 그가 놓고 간 잔에 담긴 커피가 찰랑찰랑 흔들렸다.

'모든 것이 내 기대대로 풀리지는 않는군. 아무것도 해결된 것이 없네. 새로 만나게 될 컨설턴트에게 당신이라면 이 문제를 어떻게 풀어갈 것인지 한번 물어봐야겠어.'

3
일생 변치 않을 손님

사람들은 모두 누군가의 단짝이 되거나
어느 곳의 단골이 되고 싶어한다.

시애틀 시내
파인 스트리트와 4번가가 만나는 모퉁이 커피집 엘 에스프레소
오전 9시 55분

오전의 커피 타임에 몰려드는 손님들의 무리가 채 모습을 보이지도 않았을 때, 잭은 카페라테 한 잔을 만들어 엘 에스프레소 바로 건너편 벤치에 앉아 있는 한 여자에게 갖다주었다. 그녀는 1시간 30분 전 잭이 가게에 도착했을 때부터 벤치에 앉아 누군가를 기다리고 있는 것 같았다. 기다리는 사람은 아직까지 오지 않고 있는 것이 확실했다.

"여기 있습니다."

그녀에게 카페라테를 건네주며 잭이 말했다.

"왠지 계속 기다리시게 되지 않을까 생각했죠. 아주 특별한 분

을 기다리시나 봅니다. 성함이 어떻게 되시는 분이죠?"

"아, 고맙습니다. 잭이라는 분인데, 정말 그분이 특별하다는 생각을 하고 있던 참이에요."

"이름이 잭이라고요? 우연의 일치네요. 제 이름도 잭이거든요."

"제가 만나려고 하는 잭이란 분은 카페라테를 만드는 전문가라던데요." 그녀가 놀리듯 말했다.

"아니, 그럼 제가 지금 캐럴 위즈덤 여사를 만나 뵙는 영광을 누리고 있는 건가요?"

"그렇습니다."

"여기에 앉아서 뭘 하셨나요? 10시에 가게로 오실 거라고 생각하고 있었는데요."

"아, 저는 가능하면 제게 컨설팅을 의뢰한 고객들이 제 존재를 알아채지 못한 상태에서 일하는 모습을 지켜보기를 좋아한답니다. 무엇보다 고객들을 객관적으로 바라보기 위해서죠. 저는 사실 이 자리에……"

"이틀 동안 계셨죠. 알고 있었어요. 저도 당신을 지켜보고 있었으니까요."

처음에 캐럴은 자신이 발각된 것에 대해 깜짝 놀랐지만, 곧 상냥하고 이해심 많은 미소를 지어 보였다.

"뛰는 사람 위에 나는 사람이 있다는 걸 알았어야 했는데……."

"고맙습니다. 그런데 여기에 앉아서 뭘 파악하셨는지 말씀해 주실 수 있나요? 우리 가게를 정상 궤도에 올려놓기 위해 제가 원하는 답을 가지고 계신가요?"

"지금까지는 흥미로운 경험이었다고 말씀드려야겠네요, 잭. 많은 걸 배웠죠. 하지만 우리가 앞으로 서로 이야기를 나누면서 배워나갈 것은 훨씬 더 많을 것이라고 확신해요. 물론 엘 에스프레소를 제 궤도에 올려놓을 수 있다는 것도요. 제가 발견한 것을 말씀드리면 아마 놀라실 거예요."

"놀라더라도 기분 좋은 일이라면야……. 자, 어디서부터 이야기를 시작할까요?"

"저는 항상 질문으로 시작하기를 좋아하지요. 오전의 질문을 받을 마음의 준비가 되셨습니까, 아니면 가게에 신경을 쓰셔야 하나요?"

"예, 준비되어 있습니다. 그리고 제가 가게에 신경을 쓸 필요는 없습니다. 조지와 엘리자베스가 앞으로 적어도 45분 동안은 알아서 일할 수 있으니까요."

"조금 전에 이야기를 나눈 분이 조지인가요? 대화는 어땠나요?"

잭은 곁눈질로 슬쩍 캐럴을 쳐다보았다.

"좋았습니다. 제가 바라던 대로 대화가 진행된 건 아니었지만, 나중에 좀더 이야기하기로 했어요. 이제 뭘 알고 싶으시죠?"

"예, 보내주신 기초 자료에 근거해서 말씀드릴게요. 제가 기억하기로는 이 가게의 손님들이 눈에 띄게 줄어든 이유가 무엇보다도 옆 건물에 있던 큰 회사 사람들이 다른 곳으로 옮겨갔기 때문이라고 하셨죠. 가게의 규모를 키우지 않고도 잘해나갈 수 있을지, 무엇을 해야 할지 확신이 서지 않는다고도 하셨구요. 제가 당신의 문제를 정확히 파악한 건가요?"

"네, 직원들과의 문제들과 제 개인적인 일들을 제외하면 대체로 정확한 지적인 것 같네요."

"지금 생각하시는 것보다 훨씬 더 정곡을 찌른 것이었습니다. 지난 이틀 동안 저는 이 가게의 손님들을 지켜보았고, 하루에 여러 번 찾아오는 손님도 보았습니다. 하루에 세 번, 그보다 더 많이 드나드는 사람도 있더군요."

"네, 저희 가게에는 단골이 아주 많습니다."

"그렇습니다. 바로 그 점이 제가 지금부터 말씀드리려는 것과 직접 연관됩니다. 죄송하지만, 제가 드리려는 말씀은 어쩌면 '101가지 경영 수칙' 처럼 교과서 같은 책에 나오는 이야기처럼 들릴지도 모릅니다. 하지만 제 이야기를 들으시면 이제까지 엘 에스프레소에서 일어난 일들을 이해하는 데 도움이 되실 겁니다."

"교과서라고요? 자, 말씀해보시죠. 몇 분 동안이라면 학창 시절로 되돌아가는 것도 나쁘지 않을 것 같네요."

"고맙습니다. 저는 전세계의 크고 작은 규모의 기업들을 상대로 일합니다. 그런데 최근 고객과 직원 양쪽 모두가 보이는 충성도가 확연히 줄어드는 현상을 목격했습니다. 라이트사이징(lightsizing), 다운사이징(downsizing), 타이트사이징(tightsizing) 등의 표현을 들어보셨겠죠?"

잭은 고개를 끄덕였다.

"네, 이건 1970년대, 1980년대, 1990년대에 인원을 감축한 기업들이 유행시킨 말들입니다. 짐작하시겠지만, 인원 감축이 초래한 결과 가운데 하나는 직원의 충성도 감소입니다."

"우리 할아버지나 아버지 세대에는 평생직장이라는 개념이 있었지요. 그들은 30년, 40년, 심지어 50년을 한 조직에서 일하면서 확실한 급여, 한 가족 같은 동료들, 퇴직 후의 연금 등을 보장받을 수 있었습니다. 그리고 대부분의 사람들이 이 모든 것을 가능하게 해준 회사에 대해 엄청난 충성으로 보답했지요."

"지난 몇 십 년 동안 앞에서 말한 온갖 '사이징'을 단행했던 기업들이 감안하지 못한 것은 바로 직원의 충성도와 고객의 충성도가 직접 연관되어 있다는 점이었습니다. 기업들은 직원을 해고하면 웬만큼 성공을 거두리라고 확신했지만, 그들이 미처 생각하지 못한 것은 충성도의 감소가 직원들로부터 고객들로 전염된다는 점이었습니다. 직원들이 충성스러울 때 고객 역시 회사의 제품이나 서비스를 의리있게 사준다는 것이 판명되었습니다. 직원의 충성도가 떨어지면 고객의 충성도도 떨어지는 것입니다. 충성스러울 때 직원들은 자신을 돌보지 않고 행동합니다. 다시 말해 자신의 이익보다 회사의 이익을 먼저 생각한다는 것입니다. 직원들이 충성심을 잃으면 자신을 돌보지 않고 고객을 대하는 것이 어려워집니다. 직원들이 회사와 거리를 두게 되면 그들이 고객을 대하는 방식이나 회사에 대해 이야기하는 방식에서 반발심이 밖으로 표출되는 것입니다."

잭은 생각에 잠긴 듯한 표정으로 다시 한 번 고개를 끄덕였다.

"교과서 같은 이야기를 해서 미안해요, 잭. 하지만 제가 지난 이틀 동안 엘 에스프레소에서 관찰한 모습은 2000년대의 미국이라기보다는 1950년대의 미국에 더 가까운 것이었어요."

"그게 좋은 건가요?"

"오, 그럼요. 잭. 훌륭하죠! 제가 직접 확인한 것과 엘 에스프레소의 손님들로부터 들은 것에 비춰 확실하게 말할 수 있어요."

"우리 손님들하고도 대화를 나누었나요?"

"물론이죠. 여기에 온 뒤로 적어도 서른 분을 대상으로 인터뷰를 진행했습니다."

"생각했던 만큼 제가 관찰력이 뛰어난 것 같지는 않군요."

잭의 얼굴에 미소가 번졌다.

"스스로에 대해 너무 엄격하게 대하지 마세요. 당신은 가게를 운영하느라 바쁘니까요. 어쨌든 제가 관찰한 바로는 엘 에스프레소에 대한 충성도가 이 집 손님들의 가장 주요한 특징이라는 거예요. 그들은 단지 이 가게의 커피를 좋아하는 것이 아니라 주인인 당신을 좋아하더군요. 그들은 당신을 좋아하는 나머지 가게가 다른 곳으로 이전하더라도 변함없이 단골일 거라고 했어요. 당신이 어떻게 이런 일을 이루어냈는지 저 또한 알고 있다고 믿지만, 손님들의 그런 태도에 대해 본인이 생각하는 바를 잠시 말씀해주셨으면 합니다. 심지어 비가 오는 날씨에도 커피 한 잔을 사 마시기 위해 손님들이 기꺼이 줄을 서서 기다리는 이유가 무엇이라고 생각하십니까? 길 건너 혹은 근처의 다른 커피 체인점에서는 비를 맞지 않고도 편안하게 앉아서 마실 수 있는 커피를 말입니다."

"제가 의도한 것은 아니었어요, 캐럴. 그저 손님들이 원해서일 뿐이죠."

"저는 그 이상일 거라고 생각해요. 왜 그런지 이유를 최대한 설명해주시죠."

"어렵군요, 음…저는 기내에서 승객들에게 커피를 제공하면서 제 행동방식이 승객에게 영향을 미친다는 사실을 알게 되었어요. 기분이 좋지 않을 때 승객들에게 티를 내면 그대로 반응이 돌아오더군요. 제가 멀찌감치 떨어져 행동하면, 그들 역시 비슷하게 반응하더라고요. 승객을 대하기 전에 일어난 어떤 일 때문에 지쳐 있거나 마음이 괴로운 상태라면, 갑자기 승객들도 저한테 모두 퉁명스럽게 구는 겁니다. 이제 저는 고객들과 거리를 두지 않으려고 애를 씁니다. 사업을 인간적으로, 친밀하게 만들려고 노력하고 있죠."

"어떻게요?"

"아주 간단해요. 손님을 우선 친구처럼 대하는 거예요. 전 늘 이건 텔레비전 쇼프로그램〈치어스〉와 같다고 생각해요. 이 프로그램에서는 모두 누군가의 단짝이 되거나 어느 곳의 단골이 되고 싶어하지요. 기억나세요? 이 프로그램의 주제곡 말이에요. '모든 이가 당신의 이름을 아는 곳…….' 제가 늘 해온 일은 우리 가게 손님들의 이름을 외는 것이었어요. 그러고는 직원들의 머릿속에 이런 사소한 것이 가장 중요한 일이면서, 경쟁관계에 있는 다른 커피점과 우리 가게를 차별화할 수 있는 방법이라는 사실을 심어주었지요. 손님들의 이름을 불러주면 결과가 확 달라집니다. 정말 놀라울 정도로."

"그러니까 손님들의 이름을 외워서 친밀한 관계를 만드시는군요."

"그럼요. 손님들이 무엇을 마실지 알기 때문에 손님들은 굳이 무엇을 달라고 주문하지 않아도 되지요. 심지어 '늘 마시는 것으로 주세요'라고 말할 필요조차 없습니다. 우리는 손님이 원하는 것이 무엇인지 이미 알고 있기 때문에, 손님이 줄의 맨 앞에 설 때면 모든 걸 미리 준비해놓고 있지요. 더 나아가 우리는 손님 이름과 취향은 물론 직업, 여가 시간에 하는 취미 활동, 가족 구성까지 알고 있습니다."

"한마디로 당신은 고객에 대한 정보를 통해 둘 사이의 관계를 좀더 튼튼하게 만들려는 것이군요?"

"깊이 생각해보지는 않았지만, 맞는 말인 것 같군요."

"어떻게 관계를 더 긴밀하게 만드시죠?"

"여러 가지 방법이 있어요. 우리는 일이 재미있기를 바라기에 손님들을 참여시키려고 합니다. 가끔은 그날의 질문을 저기 보이는 저 칠판에 적어놓고 손님들에게 답변을 부탁하기까지 합니다. 제가 흔히 쓰는 표현으로, 요즘 사람들은 소위 '호키 포키형 인간(호키 포키 게임처럼 춤을 추라고 하면 따라 추는 등 자발적으로 참여하는 유형의 사람)'은 아닙니다. 그래서 저는 손님들의 의사를 존중하고, 억지로 하라고 강요하지는 않습니다. 하지만 거기에 얼마나 많은 사람들이 응하는지 아시면 놀랄 것입니다. 〈애들은 별의별 소리를 다해〉라는 편지잇기 프로그램을 기억하시죠? 저희 가게에선 '엘 에스프레소 손님들은 별의별 소리를 다해'라고 부릅니다. 사람들은 일단 편안하게 이야기할 수 있다고 느껴지면, 마음속 깊은 이야기들을 합니다. 그리고 그들을 다시 만났을 때 저는 우리가 지난번, 전날, 또는 언젠가 나눴던 대화에서 어떤 실마리를 찾으려고 하지요."

"놀라운 것은 당신이 고객과 개인적인 관계를 맺게 되면 시간이 더 빨리 흘러간다는 사실입니다. 가령 우리가 친구를 집에 초대해 대접한다면, 친구에게 특별한 것을 해주겠지요? 그런데 손님이 친구가 되면 똑같은 일이 벌어집니다. 당신은 자신도 모르는 사이에 친구가 무엇을 좋아할지 생각하게 되고, 그를 남달리 대접하게 됩니다. 그러면 어떻게 되는지 아세요? 손님도 당신을 남달리 대하게 되는 겁니다."

"손님들이 커피 한 잔을 마시기 위해 비를 맞으면서까지 기꺼이 줄을 서게 되는 이유가 바로 이 때문인가요?"

"예, 그렇다고 생각합니다. 손님들이 분명 그렇게 하니까요."

"대학 재학 시절, 어느 놀이공원에서 일했던 기억이 나네요. 거기서 일하던 사람들 모두는 손님들을 '동물'로 간주하고 얘기하곤 했지요. 그들은 자기들끼리 '오늘은 우리 안에 몇 마리나 있어?' 라는 식으로 묻곤 했어요. 생각을 좀 해보세요. 사람을 동물로 생각하다니! 만약 우리 직원이나 제가 그렇게 생각한다면 아마 단 하루도 버티지 못할 겁니다. 퇴근 전에 커피를 몇 잔이나 뽑아내야 할지, 줄을 서서 음메음메, 힝힝 소리를 내며 원하는 것을 얻으려고 기다리는 수백 마리의 '동물'들에게 어떤 일을 해주어야 할지 생각하면 말입니다. 얼마나 우스꽝스런 동물원이겠어요!"

"친밀한 관계를 만드는 건 대단한 전략입니다, 잭. 좀더 많은 회사들이 그렇게 생각했으면 좋겠어요."

"저는 한 번도 전략이라고 생각해본 적이 없는데요. 그저 당연한 일을 한다고 생각했을 뿐이지요. 일단 한 사람 한 사람을 눈앞에 마주하고 그들의 이름을 불러주면서 인사를 건네면, 그리고 그들에 대해 뭔가를 알게 되면 그때부터 그 사람들은 친구나 가족으로 보입니다. 그 결과 아시다시피 저는 그들을, 그들은 저를 보살피게 되는 것이지요."

"직원들에게는 어떻게 일을 '친밀하게' 만들도록 하십니까?"

"특별한 교육이나 지침서 같은 것은 없습니다. 이런 것은 자연

스레 행해진다고 생각합니다. 굳이 말씀드리자면 우선 저는 열정 다시 말해 사람과의 관계, 삶 그리고 커피에 대해 열정을 지닌 사람들을 뽑았습니다. 그리고 그들에게 맛있는 커피 만드는 법을 가르쳤습니다. 직원들은 제 곁에서 맛있는 커피 뽑는 법을 배우면서 일을 친밀하게 만드는 법 또한 저절로 터득한 것 같습니다."

"제가 보기에 엘 에스프레소에서는 또 다른 일이 일어나고 있습니다. 일을 친밀하게 만들고 직원과 손님이 서로를 차츰 더 많

이 알아가면서, 당신은 커피뿐만 아니라 다른 여러 매개물로 이어지는 손님들의 공동체를 만들어나가고 있는 것입니다. 손님과 직원 사이에 연결고리가 강해지면 강해질수록 둘 사이는 친밀해지고, 충성도가 커지며, 조직의 재정이 더욱 넉넉해진다는 것을 우리는 알고 있습니다. 손님들이 공동체에 속해 있을 때, 그들은 서로에게 충성할 뿐만 아니라 공동체에도 충성합니다. 당신의 경우처럼 공동체의 핵심에 비즈니스가 있다면, 그 비즈니스는 공동체 전체에 대한 모든 이의 충성이라는 큰 결실을 거두게 되는 것입니다."

"우와! 사실 전 우리가 하나의 공동체를 만들고 있다는 생각은 하지 못했습니다. 거듭 말씀드리지만, 저는 이러한 일들에 대해 그다지 체계적으로 생각해본 적이 없습니다. 그저 주어진 일들이야말로 제가 마땅히 해야 할 일이라고 생각했을 따름이지요. 공동체에 대한 이야기는 정말 맞는 말씀입니다. 우리는 심지어 커피를 사기 위해 줄서 있던 손님끼리 한 쌍의 연인에서 결혼으로까지 발전하는 것도 보았습니다. 우리 공동체는 바로 이와 같은 곳입니다. 그리고 아시겠지만 아마도 이러한 이유 때문에 사람들이 네다섯 블록이나 걸어서, 그것도 열 군데가 넘는 커피 체인점을 지나쳐 굳이 우리 커피를 사 마시러 오는 것 같습니다."

"하긴 일전에 시애틀에서 세계무역기구 회의가 열리면서 사람들이 거리 시위를 벌이던 그 해를 돌이켜보십시오. 시위대와 경찰, 단골손님 모두가 커피를 사기 위해 줄을 섰지만, 당시 혼돈은 가게 주위로 흘러갔을 뿐 우리를 방해하지 않았습니다. 알 에스프레소는 마치 모든 혼돈 한가운데 자리잡은 평화로운 오아시스, 미쳐 돌아가는 세상 속에서 이성을 간직한 하나의 공동체 같았습니다. 그때 제 자신이 여기에 없었다면 믿지 못했을 것입니다."

"잭, 저는 비록 이 자리에 있지는 않았지만 당신 말을 믿습니다. 직원들과 고객 사이에 인간적인 유대관계를 만들면 누구나 승자가 됩니다."

"그런데 우리의 손님들 말씀인데요, 그들이 당신에게 무슨 말들을 했나요?"

"대부분은 칭찬만 했어요."

"대부분이지, 다는 아니지요? 그들이 특별히 무슨 말을 했나요?"

"제가 그들과의 대화를 녹음해두었습니다. 좀 들어보실래요, 잭?"

시애틀 시내
파인 스트리트와 4번가가 만나는 모퉁이 커피집 엘 에스프레소
오전 10시 45분

"잭, 이 녹음 테이프를 들으면서 공통된 주제를 찾아주시면 좋겠어요. 사업을 쇄신할 계획을 세울 때 우리가 찾는 것은 제대로 효과를 발휘하는 아이디어지요. 좋은 아이디어들을 좀더 많이 수집해 실천에 옮길 수 있도록 말입니다. 반대로 효과를 발휘하지 못하는 것들도 식별해내셨으면 해요. 그래야 이러한 것들을 변화시킬 수 있지요. 이 테이프에 나오는 첫 번째 손님이 누군지 아실 겁니다. 샐리 노턴이라는 여자 분이죠."

"샐리는 늘 저지방 카푸치노를 마셔요. 조금 전 제가 말씀드린 이야기에 등장하는 손님이 바로 그녀죠! 여기에서 짝을 찾아 결혼했다는 손님 말이에요."

"알겠습니다. 들어보세요."

캐럴은 카세트 테이프를 빨리감기로 돌리다가 어느 시점에서 멈춘 뒤 재생 버튼을 눌렀다. 시애틀 번화가의 시끌벅적한 소음과 함께 시애틀 은행의 간부로 일하는 샐리의 목소리가 들렸다.

"저는 1982년부터 엘 에스프레소에 드나들게 되었어요. 이전에는 어머니가 타주시는 지독하게 맛없는 '전세계적인' 인스턴트 커피를 마시곤 했는데, 솔직히 그걸 어떻게 마셨는지 잘 모르겠어요. 어느 날 직장 동료가 이 가게의 카푸치노 한 잔을 사다주더군요. 그걸 마신 뒤로 여기 팬이 되었죠. 저는 20년 단골이에요. 가게가 여섯 번 옮길 때마다 따라다니며 꾸준히 드나들었죠. 하지만 뭐니뭐니 해도 이 가게가 저를 위해 해준 가장 중요한 일은 남편을 찾아준 것이죠."

마이크를 대지 않은 채 작은 목소리로 말하는 캐럴의 음성이 들렸다.

"남편을 찾아줬다고요?"

"그렇다니까요. 매일 제가 저지방 카푸치노를 사러 갈 때마다 리스트레토를 사던 이 매력적인 남자를 몇 주 동안 유심히 보았지요. 드디어 우리가 줄 설 때 바로 앞뒤에 서게 되는 일이 벌어지고 말았습니다. 우리는 이야기를 시작했고, 그이가 저에게 따로 만나자고 해서 데이트를 하게 되었지요. 마침내 우리는 결혼했고, 데이브과 저는 결혼기념일마다 이 집에서 잭과 그 직원들과 함께 축하 파티를 한답니다. 때로는 엘 에스프레소가 아니었다면 제가 과연 어디에 있었을까 하는 생각마저 들어요. 저분들이 이 가게를 운영하는 한 저를 손님으로 확실히 잡은 거죠."

캐럴은 녹음 테이프를 멈춘 뒤 빨리감기를 눌렀다.

"일생 변치 않을 손님을 얻으신 것 같네요, 잭."

"샐리는 줄 서 있는 손님 중에 새로운 사람을 만날 때마다 이 이야기를 들려주곤 하죠. 저는 농담 삼아 샐리에게 〈코러스 라인〉보다도 당신 공연 횟수가 더 많을 거라고 놀리곤 한답니다."

"다음 손님은 변호사 데이비드 네들먼입니다."

"바닐라라테를 드시는 분이죠."

"제 집은 여기서 두 블록 떨어져 있습니다."

마치 라디오 아나운서 같은 바리톤 음성이 캐럴이 녹음한 테이프에서 흘러나왔다.

"이곳은 제 이웃집이나 마찬가지죠. 오늘 밤 제가 참석하는 모임이 있는데, 잭이 구운 초코칩 쿠키를 반드시 가지고 가야 해요. 쿠키 없이 나타났다가는 아마 쫓겨날 걸요. 법정에 서야 할 때는 종종 다른 커피 체인점에 들러 커피를 사 마시는데, 그때마다 제가 주문한 것이 제대로 나왔는지 확인해야 하지요. 주문하지도 않은 엉뚱한 것을 내주는 경우가 자주 있거든요. 이 집에서는 그런 일이 절대 없습니다. 이 집 사람들은 제가 뭘 마실지 이미 알고 있을 뿐만 아니라, 맨 앞 줄에 설 때쯤엔 벌써 커피를 준비해 두어서 저는 돈만 내면 되는 겁니다. 직원 모두가 진지하게 일하는 엘 에스프레소에 드나드는 것이 저는 좋습니다."

이번에도 캐럴이 마이크를 대지 않은 채 데이비드에게 묻는 목소리가 들렸다.

"대부분의 손님들이 이곳에 대해 이야기할 때 '쾌활하다' 는 표현을 쓰는데, 변호사님은 '진지하다' 는 표현을 쓰셨군요. 진지하다는 것이 무슨 뜻이죠?"

"제가 진지하다고 한 것은 세세한 곳까지도 관심을 기울인다는 뜻입니다. 바로 프로정신이지요. 제 자신도 일을 할 때 항상 프로답게 일을 하죠. 그래서 저는 다른 사람에게도 프로정신을 당연한 것으로 기대하게 되었습니다. 제 말을 오해하지는 마세요. 이 가게 사람들은 즐겁게 일합니다. 그들이 일하면서 즐기지 않는다면, 엘이나 다른 커피점이나 다를 바 없을 겁니다. 그러니까 제 말은 이 가게 사람들이 자신이 하는 일을 진지하게 즐긴다는 것입니다. 한마디로 그들은 '일을 제대로 하는' 것이죠."

캐럴이 다음 부분을 틀려고 했을 때 잭이 말했다.

"데이브는 저희 가게에서 자신이 마실 것을 미리 준비해준다는 이야기를 했지요. 우리는 손님이 원하는 것을 미리 알아서 모든 손님에게 똑같이 해주려고 노력합니다. 하지만 캐럴, 인정하지 않을 수 없는 것은 혹시라도 우리가 손님의 의도를 지레짐작하는 우를 범하지 않을까 걱정이 된다는 점입니다. 만일 한 손님이 그날은 늘 마시던 것이 아닌 다른 것을 마셔야겠다고 생각하고 있는데, 저희가 늘 마시던 것을 준비했다면 어떻게 하겠습니까?"

"좋습니다. 자신의 질문에 스스로 답을 해보세요, 잭. 만약 그 같은 일이 일어난다면 어떻게 하시겠어요?"

"저는 손님이 원하는 것을 새로 만들어서 드리고 제가 지레짐작해서 준비했던 것은 지나가는 행인에게 주겠습니다. 근처에 노숙자들도 많으니 그들에게 주면 되겠지요."

"당신의 말에 저도 동의합니다. 다음에 이야기할 분은 메리 수

스프링어인데요. 당신도 그녀의 목소리를 알 것 같네요."

"아, 메리 수는 저지방 모카를 큰 잔으로 마시곤 해요. 그녀는 시내에서 가장 잘 나가는 부동산 중개인으로 손꼽히는 사람이죠."

"제가 하루 중에 늘 가장 먼저 들르는 곳이 엘 에스프레소예요. 여기서 모카 한 잔을 마시면 하루종일 기운이 솟아나죠. 저는 교외에 살기 때문에 주말에는 다른 커피 체인점에서 커피를 사 마실 수밖에 없어요. 그런데 요즘 커피 체인점들은 너무 사람 냄새가 나지 않고 삭막하더군요. 주문도 안 한 엉뚱한 것을 내줄 때도 많구요. 이런 커피점에서 일하는 젊은 이들은 손님 말을 귀기울여 듣지 않는 것 같아요. 그들을 보면 아침 9시인데도 마치 하루종일 일하고 퇴근할 때가 다 된 사람들 같다니까요. 반면에 여기에 오면 이 가게 분들은 제가 뭘 마시고 싶어하는지 항상 알고 있고, 최대한 주의를 기울여서 자신이 해야 할 일을 해요. 제가 마시는 모카는 언제나 제 마음에 쏙 드는 맛이 나죠. 잭이 우리 집 근처에 가게를 하나 냈으면 좋겠어요."

"유감스럽게도 한 번 시도를 했었죠. 다시는 안 하겠지만……."

잭이 메리 수에게 답하듯이 말했다. 메리 수는 이제 충성도와 열정에 대해 말하고 있었다.

"흔히 한 회사가 좋은 제품으로 성공하게 되면 제품과 서비스가 아닌 이익에만 초점을 맞추기 시작합니다. 다행히 엘 에스프레소에서는 이와 같은 일이 일어나지 않았어요. 모든 것이 예나 지금이나 늘 한결같이 좋지요. 제 생각에는 그게 잭이 지닌 커피에 대한 열정 덕분이라고 봐요. 저 또한 부동산을 거래하고 사람들의 삶의 방식을 멋지게 만들어주는 일에 열정을 가지고 임해야 하고, 그렇지 않으면 성공하지 못한다는 걸 알고 있죠. 이 가게에서는 바로 그 열정을 볼 수 있어요. 하는 일에 실수가 없기 때문에 이 가게의 커피는 가장 맛있는 커피가 되는 거죠. 그들이 늘 손님을 행복하게 만드는 일에 열정을 쏟지 않는다면, 저는 오래전에 다른 가게로 커피를 마시러 갔을 거예요. 손님의 취향을 아랑곳하지 않는 커피 가게에 돈을 쓰기에는 인생이 너무 짧거든요."

질문하는 캐럴의 목소리가 들렸다.

"여러분이 이곳에 단골로 찾아오는 마음 중에 얼마 만큼이 잭을 향한 것이고, 얼마 만큼이 엘 에스프레소를 향한 것입니까? 달리 말하자면 가게 운영 전반에 잭의 열정이 그대로 드러나 있다고 보십니까?"

"저는 둘 다에 대해 신의를 가지고 있습니다. 물론 열정의 대부분은 잭에게서 나오지요. 하지만 그의 부인 다이앤에게서 비롯되기도 합니다. 부인이 여기서 일했을 때 말입니다. 하지만 지금 생각해보니 엘 에스프레소의 구석구석에 잭의 열정이 속속들이 스며들어 있군요. 바리스타(즉석에서 커피를 전문적으로 만들어주는 사람을 일컫는 말) 모두가 손님에게 헌신적으로 봉사하는 것을 통해서도 알 수 있지요. 그들에게는 고객과 고객을 위한 서비스가 최우선입니다. 저는 엘 에스프레소에 있으면 마음이 편해집니다."

"그 다음은 멜리사 크로스비입니다."

캐럴이 잭에게 말했다.

"늘 카페라테를 마시고 딸 캐티에게는 뜨거운 코코아를 사주곤 하지요."

"제가 여기 오는 이유는 모든 것이 제가 좋아하는 방식으로 되어 있기 때문이죠. 카페라테의 맛도 나무랄 데 없고, 카운터 너머에 있는 직원들 모두를 알고 있지요. 심지어 저와 함께 줄을 서서 기다리는 손님들도 많이 알고 있답니다. 저는 그분들이 제 이름과 제가 자주 마시는 커피의 종류를 알고 있다는 사실이 좋습니다. 마치 제가 엘 에스프레소 공동체의 한 일원인 것처럼 느껴지거든요. 여기서 하루를 시작하지 않으면, 하루가 엉망이 되어 버립니다."

"멜리사가 이야기했는지 모르겠는데, 그녀는 중국 골동품을 수입하는 일을 해요. 그녀는 가족들과 함께 홍콩에서 여러 해 살았지요. 멜리사는 좋은 커피에 대한 애호가 시애틀에서 시작되어 이제는 전세계로 퍼져나갔다고 말합니다. 그리고 멜리사는 그 모든 것이 엘 에스프레소에서 시작되었다고 주장하지요."

"이런 이야기를 들으면 기분이 어떠세요?"

캐럴이 물었다.

"음, 만약 사실이라면, 약간 두려운데요."

"사실이 아니라면요?"

"그렇다면 좀더 열심히 일해야겠지요."

"솔직히 말해서 손님들이 좀더 신경을 써줬으면 하고 느끼는 부분이 있습니다. 다행히 다음 인터뷰는 고객 대부분의 의견을 대표하는 것이 아니라, 당신이 이미 알고 있는 몇 가지 문제들을 지적하는 내용입니다. 다음은 데이비드 그린입니다."

"미안하지만, 그분은 잘 모르겠는데요."

캐럴은 재생 버튼을 누르고, 잭의 반응을 보기 위해 조금 물러 앉았다.

"저는 커피를 아주 좋아합니다. 그래서 다시 찾게 되었지요. 서비스가 좀 이랬다저랬다 하지만……."

마이크를 대지 않은 캐럴의 음성이 들렸다.

"이 집에 손님으로 오신 지는 얼마나 되셨나요?"

"넉 달쯤 된 것 같습니다. 저는 저 건물의 경비원으로 일하고 있습니다. 저는 주로 오전에 오는데, 줄이 얼마나 긴지 모르실 겁니다. 어느 때는 커피를 만들어주는 사람이 딴 데 가 있는 것 같다니까요. 어떤 때는 제 주문을 헷갈려 엉뚱한 것을 내주지요."

"그런데도 변함없이 오시나요?"

"네, 편하고 커피맛이 좋아요. 하지만 제 직장에서 반대 방향으로 한 블록 떨어진 곳에 곧 커피점이 하나 생겨요. 개업하면 한번 가보려구요. 이 집 커피도 좋지만 커피 가게가 여기뿐인 건 아니니까요."

캐럴은 노트를 치우며 녹음기를 껐다.

"오전의 서비스가 좋았다 나빴다 한다고 지적한 손님이 몇 분 더 있었다는 것을 말씀드리지 않을 수 없군요."

잭이 한숨지었다.

"저도 이미 알고 있었던 사실입니다."

캐럴은 엘 에스프레소를 바라본 다음 다시 잭을 돌아보았다.

"명심하세요. 이제까지 들은 것을 간추려볼 때, 잭 당신이 해야 할 가장 중요한 일은 지금까지 잘해온 것들에 대한 의견을 수렴하고, 그것들을 유지해나가기 위한 계획을 세우는 겁니다. 동시에 그다지 잘해오지 못한 일들을 정리하고, 개선해나가기 위한 계획을 세우세요. 부정적인 면에만 초점을 맞춘다면 당신 자신과 직원들에게 전적으로 해를 끼치는 일이 될 겁니다."

잭은 양 무릎에서 먼지를 털어내며 자리에서 일어섰다.

"좋습니다. 생각해볼 만한 가치가 있군요. 이야기를 끝냈으니 이제 제가 카페라테를 한 잔 대접해도 될까요?"

캐럴이 방긋 웃었다.

"좋습니다, 잭. 아주 좋아요."

4
절대 물러서지 말아야 할 것

제 아무리 멋진 서비스를 받더라도
맛없는 커피에 돈을 지불할 사람은 없다.

시애틀 시내
파인 스트리트와 4번가가 만나는 모퉁이 커피집 엘 에스프레소
정오

"이제 제가 무슨 이야기를 하려고 하는지 아시겠어요?"

캐럴이 김이 모락모락 피어오르는 라테 큰 잔을 손에 들고 물었다.

"뭔데요?"

"커피요. 당신이 파는 바로 이 제품."

"그럼 다시 원점으로 돌아왔네요. 어떤 사람들은 커피 원두를 전혀 모른다고들 합니다. 하지만 저는 원두를 속속들이 알고 있습니다. 원하신다면 몇 시간 동안 원두에 대해 이야기를 할 수도 있어요."

"당신이 아무리 길게 이야기한다고 하더라도 저는 끝까지 들을 수 있어요. 괜찮으시다면 그 내용을 녹음해서 기록으로 남기겠습니다."

"괜찮고 말고요. 자, 봅시다. 커피 원두. 어디서부터 이야기를 시작할까요?"

"처음 사업을 시작하실 때나 지금이나 똑같은 종류의 원두를 사용하고 계십니까?"

"좋은 질문입니다. 지금까지 이러한 질문은 받아본 적이 없지만 답은 '아니오' 입니다. 다이앤과 제가 엘 에스프레소를 인수했을 때 저희는 손수레, 커피잔, 자동판매기 등 이 사업에 필요한 모든 것을 사들였습니다. 이 사업이 어떻게 운영되는지 조금씩 알기 시작하고 커피맛의 미묘한 차이를 이해해갈 무렵, 우리는 변화를 모색할 만큼 자신이 있었습니다. 이 점을 알아두셔야 하는데, 변화를 위한 변화가 아닌 원두의 혼합을 더욱 좋게 할 수 있는, 궁극적으로는 이 사업을 성장시킬 수 있는 변화였습니다. 그래서 처음 한 일이 원두 자체를 연구하는 것이었죠. 저는 원두에 관한 자료를 샅샅이 뒤져 읽었고, 자동판매기를 설치해 여러 종류의 원두를 팔았습니다. 그리고 실험을 했지요. 원두를 더 오래 볶아보기도 하고, 여러 온도에서 볶아보기도 하고, 여러 다른 방법으로 갈아도 보고, 알갱이를 거칠거나 곱게도 갈아보았죠. 우리는 먼저 우리 입맛에 맞는지 확인한 다음 맛있는 커피를 식별할 줄 아는 친구나 손님 가운데 미각이 발달한 분들에게 실험해보았습니다. 새로운 음료를 손님들에게 소개한 후 새로운 원두를 섞어 넣을 수 있었습니다. 그러니까 검증을 거치지 않은 갑작스런 변화를 시도할 필요가 없어지더군요. 코카콜라 사가 기존 코카콜라를 신제품 뉴코크로 바꾸려 할 때 했던 것과 같은 급작스런 변화 말입니다."

"기억 납니다. 코카콜라가 펩시콜라와 엇비슷한 맛이 나도록 콜라에 변화를 줌으로써 펩시의 매출을 누르려고 했지요. 그들이 미국의 젊은 층을 대상으로 연구한 결과에 따른 결론이었지요."

"네, 하지만 그들이 잊은 것이 있습니다. 바로 당신이나 제게 와서 우리가 뭘 더 좋아하는지 물어보는 것이었습니다. 그들은 이제 더 이상 뉴코크를 만들지도 않을 것입니다. 어쨌든 다이앤과 저는 이러한 일이 우리 엘에서 일어나는 것을 바라지 않았습니다. 그래서 우리는 변화할 수 있는 방법을 찾았고, 겉보기에는 그리 혁혁한 변화가 아닌 신제품을 도입하여 결과물을 얻어내는 데 성공했습니다. 이후 입소문이 무섭게 퍼져나갔고, 이렇게 해

서 우리의 진갈색 크림라테가 탄생한 것입니다. 이 라테는 오늘날 우리를 유명하게 만들어준 커피들 가운데 하나에 지나지 않습니다." 잭이 은근히 자부심을 나타내면서 말했다.

"좀더 좋은 원두를 찾아내는 데도 성공하신 겁니까?"

"매출을 늘리고 기본적인 고객을 유지하기 위해 강구한 방법으로 볼 때, 우리는 성공했다고 말할 수 있습니다. 그 일이 쉬웠던 것은 아님을 알아주십시오. 각각의 커피 종류마다 가장 좋은 원두를 찾아내고, 원두를 제대로 볶고 가는 법을 배우는 데는 시간이 좀 걸렸습니다. 하지만 그게 다가 아니었습니다. 우리는 완벽하게 맛있는 커피를 뽑아내는 법을 배워야 했습니다. 요컨대 정확한 양의 커피와 물, 적당한 온도, 이 세 가지가 맞아야 가장 향기롭고 맛있는 커피가 나오게 되는 겁니다. 동시에 우리는 엘에서 파는 완벽한 커피 한 잔을 언제나 두 배로 제공하기로 했습니다. 그래야 우리의 커피가 언제나 경쟁 점포의 커피보다 두 배 맛있을 테니까요."

"흥미로운 것은 이러한 일들을 하면서 '정확한' 방법을 찾아내는 일이 가장 힘들지는 않았다는 점입니다."

"오, 그랬나요?" 캐럴이 놀란 표정을 감추지 못하고 물었다.

"그럼 무엇이 가장 힘들었죠?"

" '언제나 한결같이 유지하는 것' 이 가장 힘들었습니다. 커피를 만드는 사람이 제가 되었든 엘리자베스가 되었든 엘 에스프레소를 찾을 때마다 당신이 기대하는 바로 그 커피를 마시게 되어야 하는 것이죠. 물론 정확히 당신이 기억하는 커피이기도 하고요. 이런 경험이 손님을 다시 오도록 만드는 것이죠. 한 잔을 마신 후에 다음 잔을 마시러 오늘, 내일, 올해, 그리고 다음해까지 오도록 말이죠."

"제가 제대로 들은 거라면, 완벽한 제품은 좋은 원두와 매번 똑같은 방법으로 같은 맛의 커피를 만들도록 직원들을 훈련시킨 결과가 어우러져 이루어지는 것이네요."

"그뿐만이 아니죠. 제대로 된 직원, 제대로 된 분위기, 제대로 매겨진 커피값, 제대로 섞인 원두, 제대로 된 손님들, 제대로 된 장소 선정 등도 필요하지요."

"그렇다면 엘 에스프레소의 경우 제대로 된 장소 '들' 이겠네요. 복수로요. 여섯 번이나 자리를 옮기셨다면서요? 그런데 손님들은 이사를 갈 때마다 따라다녔고요. 제대로 된 제품? 또는 제대로 된 서비스? 또는 제대로 된 직원들?"

"맞습니다. 그 모든 것이 갖춰져야 합니다. 제품이 나쁘면 서비스가 아무리 좋아도 소용없고, 손님들이 좋아도 제품이 형편

없으면 손님들을 쫓아내는 셈이 됩니다. 심지어 세상에 둘도 없는 서비스를 한다 하더라도 제품이 나쁜 건 극복할 수 없습니다. 맛있는 커피 한 잔을 마실 수 없다면, 손님들은 구태여 돈을 내고 커피를 사 마시러 오지 않을 테니까요."

"그 반대의 경우도 사실이겠죠. 제품이 좋아도 서비스가 나쁘면 손님을 쫓아낼 수 있습니다."

"그렇고 말고요. 우리의 성공이 여러 가지 요인이 어우러진 결과라는 데 의문의 여지가 없습니다. 우리가 시애틀에서 가장 맛있다고 하는 훌륭한 커피 한 잔을 만들어내지 않았다면 처음 이 사했을 때 벌써 문을 닫았을 겁니다. 시내에 좋은 커피점들도 많은데, 형편없이 뽑아낸 커피를 팔려고 했다면 아마 손님들을 다른 커피점에 다 빼앗겼을 거라는 말씀입니다. 이런 이유에서 저는 엘 에스프레소가 나름의 기준을 가지고 있고, 모두가 그것을 지키고 있다고 확언할 수 있는 것입니다. 예를 들어 원두의 도매가가 오를 때, 저는 커피 한 잔의 소매가를 그대로 지키기 위해 좀더 싼 원두로 바꾸지 않습니다. 차라리 제가 손해를 보든가 아니면 정말 가격이 심하게 오른 경우에는 손님들에게 알립니다. 물론 손님들이 납득할 수 있도록 가격 인상을 설명하는 안내문을 붙여놓겠지만요. 그런데 어떤지 아십니까? 손님들은 커피의 품질이 한결같으면 가격이 다소 오른다 하더라도 개의치 않습니다. 왜 값을 올려 받는지를 손님들에게 알리기 때문이죠!"

"지금 하신 말씀이 바로 제가 항상 제 고객들에게 이야기하는 것입니다."

"커피 원두를 구입하는 방법을 고객들에게 말씀하신다고요?"

"아뇨, 잭. 저는 고객들에게 비즈니스에서 성공하고 싶다면 우선 기본을 지켜야 한다고 말합니다. 당신의 경우 기본은 제품, 즉 커피로 시작됩니다. 엘 에스프레소를 창업했을 때 당신은 커피에 대한 열정을 지니고 있었습니다. 지금도 여전히 커피에 대한 열정을 지니고 있지만, 이제 그 열정은 커피 한 잔을 완벽하게 뽑아서 손님에게 대접하려는 마음까지 포괄하는 것입니다."

"생각해보지 않았지만, 당신 말이 맞군요."

"당신의 손님들은 당신이 커피의 품질에 있어서 한 번도 적당히 타협하지 않았기 때문에 충실한 단골로 머물러 준 것입니다." 캐럴이 덧붙였다. "특히 당신은 그 일을 즐거운 마음으로 해냄으로써 공동체를 만들어낸 것입니다. 그리고 이 공동체는 충성심을 만들어내고 그것을 유지시켜준 것이죠. 아시겠지만 당신의 손님들이 엘 에스프레소와 맺는 관계는 당신이 만들어내는 제품의 질에 대한 신뢰를 한층 더 높여줍니다. 이는 서로 힘을 북돋아주는 사이클입니다. 그들이 여기에 오기를 좋아하는 한, 그리고 커피가 높은 품질을 유지하는 한 이 가게에 대한 손님들의 신뢰는 지속될 것입니다. 그들의 마음속에는 엘 에스프레소의 커피 같은 커피는 다시 없을 거예요. 하지만 제품의 질이 떨어진다고 생각해보세요. 사업은 지금처럼 재미있지 않을 것이고, 단골손님들은 이제 더 이상 여기서는 맛볼 수 없다고 느끼는 커피 한 잔을 찾아 다른 가게로 옮겨가기 시작할 것입니다."

"정말 옳은 말씀입니다. 우리 부부가 즐겨 찾는 식당이 여러 곳 있었는데, 주방장과 재료를 사들이는 시장 등을 바꾼 뒤로 음식의 맛이 없어지자 더 이상 가지 않게 되더군요. 의식적으로 생각해서 결정한 것이 아니라 그냥 자연스럽게 가지 않게 돼요." 잭이 혼자만의 생각에 잠긴 듯 말했다.

"품질이 떨어지면 그렇게 되는 겁니다. 기업들은 사업에 실패하게 되죠. 여러 해 동안 포드 사의 텔레비전 판매 부서에서는 자신들의 독특한 마케팅 컨셉트를 강조하기 위해 '품질은 최우선(Quality Is Job One)'이라는 광고 카피를 사용했지요. 그것이 바로 우리 모두가 품질에 대해 생각해야 할 점입니다. 품질은 최우선되어야 합니다. 새로운 직업 환경에서 품질 관리는 이제 더 이상 한 사람이나 한 부서만의 책임이 아닙니다. 품질 관리부장의 책임만도 아닙니다. 모든 이의 책임입니다. 연구 결과를 살펴보면, 가장 성공하는 비즈니스는 직원들이 자신들의 행동에 대해서뿐만 아니라 제품의 품질과 유지에 대해 주인의식, 책무, 책임을 갖는 비즈니스라는 것을 알 수 있습니다."

"결국 모든 것이 제품으로 귀결되네요. 그렇지요?"

"그렇기도 하고 아니기도 합니다. 인생에서 독립적으로 존재할 수 있는 것은 많지 않습니다. 사실 가장 성공적인 컨셉트, 사람들, 사업은 상호의존적입니다. 어떻게든 서로 연관되어 있어서 한 분야에서 변화가 일면 다른 분야로 변화가 파급되지요. 제품의 경우 품질과 직원의 충성도 사이에는 흥미로운 상관관계가 있습니다. 이는 고객의 충성도와도 연결됩니다. 연구 결과에 따르면, 제품의 품질이 향상되면 직원의 충성도도 올라간다고 합니다. 자신들이 만드는 제품이나 제공하는 서비스에 자부심을 느끼는 직원들은 일하러 오는 것을 즐기게 됩니다. 그들은 새로운 날들을 내다보며 일합니다. 우리 모두가 아는 것처럼, 우리가 하는 일에 열중할 때 우리는 일을 더 잘하게 됩니다. 일을 더 잘하게 되면 질 높은 결과가 나오게 마련이고요. 한마디로 제품의 높은 품질은 높은 직원 충성도를 이끌어내고, 일에 더욱 몰입하게 하여 질 높은 결과를 만들어내며, 또다시 제품의 높은 품질로 연결된다는 것입니다."

"101가지 경영 수칙이 아직도 더 남아 있나요?"

잭이 웃으면서 말하자, 캐럴도 미소지으며 대답했다.

"네, 이제 끝나갑니다. 사업을 하는 사람들에게 전하고자 하는 메시지는 다음과 같습니다. 품질에 열정을 바쳐라. 말과 행동으로 품질을 드러내 보여라. 그러면 직원들은 열정을 다해 일할 것이다. 직원들에게 전하고자 하는 메시지는 다음과 같습니다. 지금 하는 일과 자신이 만들어내는 제품에 자부심을 가져라. 그러면 일하는 환경을 더욱 즐겁게 만들 수 있을 것이다."

"와우! 이 모든 것이 커피 한 잔에서 나왔다는 말이군요. 누가 생각이나 했겠어요?"

잭이 놀리는 듯한 어조로 말했다.

"정말 누가?"

들고 있던 카페라테의 마지막 남은 거품을 후룩 들이마시며 캐럴이 대꾸했다.

5
더 큰 것은 단지 더 큰 것일 뿐

사는 동안 자신이 어디로 가고 있는지
혹은 어디로 가고 싶은지 모른다면
앞날을 위한 결정을 제대로 내릴 수 없다.

시애틀 시내
파인 스트리트와 4번가가 만나는 모퉁이 커피집 엘 에스프레소
오후 1시 30분

 바쁜 점심 시간대가 지나자, 잭은 조지와 엘리자베스와 함께 손님들이 남기고 간 자리를 정리하면서 캐럴과 함께 아내가 오기를 기다렸다. 다이앤이 오늘 오후 가게에 부족한 재료와 물품을 사오기로 되어 있었다. 하지만 사실 캐럴이 다이앤의 이야기를 들어볼 수 있도록 일부러 가게로 나오게 한 것이었다.
 다이앤은 이런 문제로 비즈니스 컨설턴트를 고용하는 것이 별로 달갑지 않았다. 컨설턴트라는 사람은 보나마나 수익을 늘리고, 현금이 잘 돌게 하려면 점포를 늘려 사업을 확장하라고 조언할 것이 뻔했기 때문이다. 다이앤이 물건을 가득 실은 손수레를

끌며 가게로 들어섰을 때 그녀의 얼굴에는 걱정이 드리워져 있었다. 다이앤이 말을 꺼내기도 전에 캐럴이 선수를 쳤다.

"다이앤, 안녕하세요. 저는 캐럴 위즈덤이라고 합니다. 가져오신 물건은 남편께 맡기시고, 저랑 같이 여기 앉아서 조용히 이야기를 나누면 어떨까요?"

"아, 그럴까요? 여보, 고마워요. 그럼 제가 먼저 라테 두 잔을 맛있게 뽑아올게요. 커피를 마시면서 이야기하도록 하죠. 사실 오늘 위즈덤 씨하고 만나기를 학수고대하고 있었거든요."

"그럼 저는 커피 대신 코코아로 해도 될까요? 이 집 코코아도 일품이라던데."

"그럼요. 당신은 커피의 도시 시애틀 출신이 아니시라죠. 아마도 우리가 하루에 마셔대는 엄청난 양의 카페인에 익숙하지 않으실 거예요."

다이앤이 웃으며 말했다.

음료가 준비되자, 두 여인은 자전거 퀵서비스 족이 이른 아침이면 모여들곤 하는 콘크리트 벤치로 천천히 걸어가면서 대화를 시작했다.

"오늘 잭이 제게 넌지시 귀띔해준 이야기에서도 느꼈지만, 제가 오는 것을 당신이 좀 걱정스러워했다고 알고 있어요. 어떻게 하면 제가 당신 마음을 편하게 해드릴 수 있을지, 알아야 할 것이 있다면 말씀해주세요. 사실 엘 에스프레소 커피점이 이만큼 성공할 수 있었던 데는 부인의 역할이 상당히 컸을 뿐만 아니라 아주 결정적이었다고 봅니다."

"고맙습니다, 걱정스럽다는 표현이 맞는 것 같네요. 저는 단지 당신이 과연 어떤 제안을 할지 확신이 서지 않았던 거예요."

"사업 확장만 아니면 되는 거죠, 그렇죠?"

다이앤이 안도의 숨을 내쉬면서 말했다.

"알고 계셨군요?"

"제가 전해듣기로는 지난 1991년 사업 확장을 한 번 시도했지만 결과가 별로 좋지 않았다면서요. 그 이야기를 좀더 자세히 해주시겠어요?"

"그러죠. 그 해를 기억하실지 모르겠지만, 당시 경기가 별로 좋지 않았어요. 그런데 저희 가게는 예외였지요. 매출이 떨어지기는커녕 전년에 비해 오히려 훨씬 올라갔던 거예요. 당시 스타벅스는 시애틀 시내 퍼블릭 마켓에서 커피 원두를 볶아서 팔던 평범한 일개 점포에서 테이크아웃 체인점으로 커다란 도약을 이루었지요. 저희가 커피점을 시작한 지 10년이 넘었을 때인데, 저희 단골손님들은 스타벅스가 확장해나가는 것을 보고 엘 에스프레소가 경쟁에서 밀려나 문을 닫지나 않을까 걱정하셨답니다. 그런데 사실은 스타벅스 때문에 장사가 더 잘된 것 같아요."

"어떻게 그럴 수 있었죠?"

캐럴이 코코아를 조금씩 마시면서 물었다.

"고급 커피를 비싸게 파는 전문점이 우후죽순처럼 생기면서, 사람들은 돈을 조금 더 내더라도 맛 좋고 향기로운 커피를 마시고 싶다는 생각을 자연스럽게 갖게 된 것이지요. 저희는 커피맛이라면 자신이 있었기 때문에 경쟁 점포에 손님을 빼앗기지 않을 수 있었죠. 오히려 다른 가게 손님들이 저희 가게로 와서 커피를 드셨던 것 같은데요."

"왜 그랬을까요?"

"글쎄요. 솔직히 저는 저희 집 커피가 최고라고 믿거든요. 일하는 사람들도 더 친절하고, 전체적인 분위기도 엘 에스프레소가 더 멋지지 않은가요?"

"그럼요, 그렇고 말고요."

"아무튼 장사가 꽤 잘되었어요. 처음에는 오가는 행인이 많은 기차역 앞에 작은 손수레를 차려놓고 커피를 팔기 시작했어요. 사람들이 출근하는 길에 저희 가게에 들러 모닝 커피를 사 가는 것이 낯익은 아침 풍경이 되었지요. 그러면서 사람들의 관심을 모으기 시작했고, 매스컴을 타면서 잡지나 방송국에서 모범 업소로도 선정되었지요. 신문 독자들이 선정하는 '시애틀 최고의 커피점'도 항상 저희 가게 차지였어요. 유명세를 타서인지 커피 맛을 보려고 찾아오는 손님들이 줄을 이었고, 지금도 여전히 그렇답니다."

"모든 것이 계획대로 순조롭게 진행된 것 같네요."

"글쎄요, 계획이라고 할 것까지도 없었어요. 계획 자체가 없었으니까요. 그저 매일매일이 잘 흘러갔던 것 같아요. 필요한 만큼 벌어서 조금 저축하고. 돈을 벌어서 베인브리지에 집까지 샀으니 장사가 꽤 잘된 셈이죠. 그런데 어느 날 단골손님 한 분이 오시더니 점포를 확장하는 것이 어떻겠느냐고 제안하시더군요. 물론 저희는 우쭐해졌지요. 그런데 미래의 사업 계획에 대한 구체적인 생각조차 없었던 상황에서 어떤 선택을 하는 것이 가장 바람직한지 제대로 판단이 안 섰던 것 같아요. 바로 그게 문제였죠."

"그래서 어떻게 하셨어요?"

"확장했죠. 유럽에서 오래 살았던 그 손님은 커피맛은 물론 커피에 대해서도 많이 알고 있었어요. 그런데 그분이 저희 집 커피 맛이 최고라고 말씀하시는 거예요. 스타벅스 체인점이 하나둘씩

급속하게 생겨나는 상황에서 살아남기 위해서는 사업을 확장하는 길밖에 없다고 강조하시며, 몇 달에 걸쳐 저희를 설득하셨답니다. 저희 집 커피가 훨씬 더 맛있기 때문에 점포 수 면에서 비슷해지면 스타벅스의 고객을 우리 쪽으로 언제든지 끌어올 수 있다는 논리였어요. 사실 그때 저희도 나름대로 임시 분점을 내긴 했어요. 크리스마스 시즌 동안 노드스트롬 백화점에 에스프레소 판매대를 설치해 커피를 팔았는데 성공적이었어요. 사실

이 장사가 남는 장사라는 사실을 눈치챈 백화점 측에서 그 뒤 직접 커피를 판매하지 않았다면 아마도 여전히 분점을 운영하고 있었을 거예요. 그분이 저희에게 점포 열두 군데를 동시에 운영하는 사업 계획안을 제시했을 때 자신이 있었어요. 현재 장사를 수준과 품질은 그대로 유지하면서 다같이 할 수 있으리라고 믿은 거죠. 그리고 성공하면 원래 다들 사업을 확장하지 않나요?"

"보통은 다들 그렇게 생각하고 있는 것 같더군요. 그래서 어떻

게 되었지요?"

"글쎄요, 시애틀 외곽 지역에 점포 두 개를 내면서 사업을 확장하기 시작했어요. 돈도 벌었고요. 그런데 좋지는 않았어요. 사실은 점포를 확장하는 것이 아주 싫기까지 했답니다. 잭은 이 사업 확장을 전체적으로 실패라고 생각하고 있어요."

"실패했다고 하기에는 좀 그렇지요."

물건을 모두 정리하고 돌아온 잭이 다이앤 옆에 앉으면서 말했다.

"하지만 또다시 하고 싶은 일은 아니죠. 지금 돌이켜보면 힘든 시간이었어요. 다이앤이 본점을 맡아서 운영할 때, 저는 새 점포를 키우는 데 열중했습니다. 사람들을 새로 고용하여 교육시키고, 새로운 장소를 물색하러 다니고, 은행의 대출이자 때문에 자금을 굴리는 데 온 신경을 쓰면서도 커피맛은 최고급을 유지해야 했으니까 말이에요."

"사실 잭은 관리자형은 아니지요. 일을 즐기지를 못했어요."
다이앤이 덧붙였다.

"단골손님들을 직접 대접하지 못하는 것도 아쉬웠고, 한 점포에서 다른 점포로 이동하면서 길에 버리는 시간도 아까웠어요. 신입 직원을 교육시키는 데 바쁜 나머지, 친구들에게 커피 한 잔 대접한다는 생각으로 장사했던 마음은 어느새 사라지고 피곤하기만 했던 거예요. 확장 자체에만 신경을 쓰다 보니까 점점 제 일이 싫어졌던 거죠."

"그래서 어떻게 되었는데요?"

"결국 분점을 다른 사람들에게 팔았지요. 자기 사업을 하길 원하는 사람들에게요. 그 뒤 저희는 의기소침해졌고, 긴축 운영을 하면서 가게 하나만을 갖게 되었지요. 사실 생각했던 것만큼 성공하지는 못했지만, 그때보다는 지금이 훨씬 더 행복합니다."

"누구에게나 일어날 수 있는 일이에요. 너무 기죽지 마세요. 헛된 경험이 아니었네요. 두 분이 겪으셨던 것을 '실패 대 성공'이라는 개념에서 이해하시면 안 됩니다. 문제를 '의도 대 기회'라는 시각에서 이해하셔야 합니다. 그리고 사실상 사업 계획이라는 것이 없으셨네요."

"사업 계획은 우리 동업자가 가지고 있었는데요."

다이앤이 변명 섞인 목소리로 말했다.

"사업 계획이 아닌 전략을 말하는 거예요. 두 분을 위한 전략, 엘 에스프레소를 위한 전략 말이죠. 보세요, 사업을 하면서 아니면 우리 모두 각자 인생을 살면서 자신이 어디로 가고 있는지, 어디로 가고 싶은지 모른다면, 무엇을 해야 할지 제대로 결정을 내릴 수 없을 거예요. 이는 성공의 길목에서도 마찬가지지요. 애초에 계획이라는 것이 없다면 정확히 성공이라는 것이 무엇인지 판단하기 힘들어요. 결과에 대한 유일한 판단 기준은 자신이 세운 계획이거든요."

"말씀을 들으니까 맞는 것 같은데요."

잭은 실마리를 찾은 듯한 눈빛으로 말했다.

"사실 저희가 사업을 확장하려고 할 때 그것이야말로 성공으로 가는 지름길이라고 생각하는 사람들이 많았어요."

"하지만 당신에게는 아니었죠?"

"맞아요, 저는 아니었어요. 저는 확장이 싫었습니다. 커피를 맛있게 뽑아서 손님들에게 대접하면서 함께 대화를 나누지 않으니 일하는 재미가 없더라고요. 그래서 실패했다는 느낌을 받았던 것 같아요."

"바로 그겁니다. 자신이 지금 하고 있는 일에서 성공하려면, 먼저 자기 자신에게 성공이라는 것이 과연 무엇인지 확실히 알고 있어야 합니다. 우리 모두 각자 성공에 대한 개념이 다를 수 있겠지만, 성공을 재는 잣대는 대부분 같다고 할 수 있어요. 물론 그 잣대가 반드시 옳다는 것은 아니에요. 잭의 경우 성공이란 항공사 승무원 시절 때부터 즐기던 일을 매일같이 계속 할 수 있는 사업을 만들어나가는 것이었어요. 그러니까 커피를 잘 만들어 승객들 또는 손님들에게 나눠주면서 그들과 친구가 되는 데서 일하는 보람을 느꼈던 것이지요."

"물론 돈도 충분히 벌어서 삶을 즐기는 것도 포함되겠지요." 다이앤이 덧붙였다.

"물론이죠. 현재 하고 있는 일이 진정 자신이 원해서 하는 일이 아니라면 최대한 좋아하도록 노력하면서, 그 일을 해서 번 돈으로 하고 싶은 일을 하는 것이 현명한 방법이라고요. 성공한 사람들 중에 이처럼 생각하는 사람들이 많아요. 왜 보컬 그룹 '크로스비, 스틸스, 내시'의 노래 중에도 이러한 가사가 있잖아요. '당신이 사랑하는 사람과 함께할 수 없다면, 지금 함께 있는 사람을 사랑하라' 라는 거 말예요."

오후가 되면서 카페라테를 마시기 위해 엘 에스프레소에 들른 손님들의 줄이 점점 더 길어지기 시작했다. 잭은 손님들을 물끄러미 바라보면서 말했다.

"사실, 요즘 들어 사업 확장에 대해 많이 생각을 하고 있었습니다."

"뭐라고요!?"

다이앤은 하마터면 걸터앉은 벤치에서 미끄러져 내려앉을 뻔

했다.

"진정해, 여보. 내 말은 사람들이 사업을 하면서 느끼는 확장의 필요성에 대해 생각을 했다는 거야. 그러면서 적어도 내 자신에 대해 깨달은 것이 있어."

다이앤은 안도의 숨을 내쉬면서 잭에게 한번 말해보라는 눈짓을 했다.

"사람들은 현재 자신이 하는 일에서 성공하고 있다고 생각하면 자신의 성공을 더 많은 사람들과 나누고 싶어합니다. 쉬운 일처럼 보이거든요. 조금만 노력하면 수익이 훨씬 더 많이 생길 것 같고요. 그래서 사람들이 확장을 통해서 사업을 키우려고 하는 것 같아요. 점포 규모를 키우면서 수도 늘리고 말이죠. 그런데 저에게는 이런 것들이 눈에 잘 들어오지 않았어요. 사업 자체를 키우는 데 온갖 신경을 쓰느라 직접 사업을 할 시간이 없었거든요."

"사업을 확장하려면 사업 자체를 키워나가는 데에 시간을 좀 더 할애하는 것이 모범답안 아닐까요?"

캐럴이 물었다.

"맞습니다. 그런데 저는 현장에서 일하는 것이 훨씬 더 좋았어요. 날마다 가게에 나와서 직접 커피를 뽑는 일 말이죠. 포기할 수 없었어요. 저는 사업 안에서 일하는 것이 훨씬 더 좋습니다. 저는 가게를 직접 운영하면서 즐기는 사업가 기질이 다분한 사람이지만 사업가는 아닙니다."

"사업가가 아니라고요?"

"네, 남편께선 아니에요. 본인이 그 사실을 직접 깨닫기를 바랐어요."

"'라테'라는 커피를 미국에서 하나의 고유명사로 자리잡도록 한 장본인인 잭 하트먼이 사업가가 아니라면, 그럼 도대체 누가 사업가란 말이죠?"

"난 그저 작은 커피점을 운영하는 가게 주인일 뿐이야. 두 가지는 절대로 같은 것이 아니야. 난 지금 내가 하는 일을 좋아해. 게다가 제대로 잘하고 있다고 생각하지. 하지만 여기서 더 가게를 키우고 싶진 않아.

사업으로 키우고 싶지 않다는 것이지. 지금도 그렇지만 앞으로도 다른 장사를 시작할 생각은 추호도 없어. 사업가들은 사업 초기 단계를 좋아하지. 사업을 시작할 때 생기는 문제점과 갈등, 도전을 즐긴다고. 그런데 나는 장사를 꾸려나가면서 사람들과 같이 일하는 것이 더 좋아. 다이앤, 우리 생각을 한번 바꿔보면 어떨까? 우리 나름대로 확장을 하는 건데, 커피 장사를 시작하려는 사람들을 돕는 쪽으로 말이야. 내가 생각하는 확장은 바로 이와 같은 것이라구."

"맞아요, 지난번에 같이 일했던 데이비드가 커피점을 열고 싶다고 했을 때 당신이 도와줬잖아요. 그리고 커피에 대한 열정이라면 남부럽지 않은 마리아 역시 유럽에서 커피점을 내겠다고 했을 때도 조언을 아끼지 않았고요. 어디 그뿐인가요? 잭은 사람들이 근처에서 커피 장사를 시작하면 심지어 경쟁자에게조차 조언해주고 도와준답니다. 말이 되는 것 같은데요."

"이 도시에서 커피 장사를 하는 모든 가게들은 개인이 하는 작은 가게든 아니면 회사가 운영하는 큰 점포든 상관없이 살아남을 수 있는 여지가 있다고 봅니다. 사실 커피 장사만이 아니라 모든 사업 부문에서, 그리고 어떤 도시에서든 상관없이 크고 작은 회사 모두가 다같이 공존할 수 있다고 생각합니다. 각자 스스로에게 맞는 올바른 길을 가면서 계획한 방향대로 움직인다면 말이죠."

"규모 이야기가 나왔으니 말인데요. 잭의 생각이 맞아요. 몇 년 전 랠리스 햄버거가 사업을 시작했던 것 기억하시죠? 당시 랠리스 햄버거는 맥도널드, 버거킹, 웬디스와 같은 대형 햄버거 회사들이 잊어버린 것들을 찾아냄으로써 손님들에게 더 친근하게 다가갔죠. 지나가는 길에 잠깐 들러 저렴한 가격의 햄버거, 셰이크, 감자튀김 등을 사려는 운전자들을 위해 차를 탄 채 주문할 수 있는 햄버거 가게를 차렸죠. 그리고 경쟁 우위에 있는 햄버거 가게 바로 코앞에서 장사를 했는데도 잘만 되었잖아요. 대형 패스트푸드 회사의 그늘에서도 작은 회사가 성공적으로 운영된 좋은 예라고 할 수 있습니다."

"그것조차도 제게는 규모가 너무 큰 걸요. 저는 점포 하나만 있으면 됩니다. 하지만 저처럼 가게를 열고자 하는 사람들에게 도움을 주고 싶어요. 그게 바로 제가 생각하는 확장이죠. 간소하게 유지하는 겁니다. 모든 사람들에게 각자의 몫을 주자고요. 적당히 벌 만큼만 일하고, 자신이 하고 싶은 것을 할 수 있도록 충분히 시간을 남겨놓고 말이죠. 자신이 하는 일을 사랑하고 자신이 좋아하는 일을 하는 것, 직장에서의 성공 비결이 아닐까 싶어요. 사장이든 아니면 직원이든 상관없이 말이죠."

"지난 며칠 동안 마신 카페인 때문인지는 몰라도, 두 분과 나눈 대화와 손님들에게서 들은 이야기가 모두 하나로 연결되는 것 같네요. 제게 라테 한 잔과 시간을 조금 더 주실래요? 그럼 제가 듣고 배운 것들을 한번 종합해보겠습니다."

"좋습니다. 제가 뽑아드리죠."

잭이 자리에서 튕기듯 일어서며 말했다.
"무슨 소리, 이제 내 차례예요."
다이앤이 서둘러 일어났다.
"분부대로 하겠습니다, 마님."

6
모든 것은 커피 한 잔에서 나온다

인생은 단순한 진리들로 이루어져 있다.
말로 표현할 수 없지만 이는 진실하고 유효하다.

시애틀 시내
파인 스트리트와 4번가가 만나는 모퉁이 커피집 엘 에스프레소
오후 3시

잭과 다이앤은 가게 안을 왔다갔다하며 이미 다 정리된 곳까지 초조하게 살피면서, 끊임없이 이어지는 손님들의 주문을 받고 있는 직원들의 일손을 도왔다. 한편 캐럴은 라테 한 잔을 옆에 두고 벤치에 앉아서 엘 에스프레소 직원들, 손님들과 나눈 대화를 녹음한 테이프를 다시 들으며 자신의 생각을 노트북 컴퓨터에 입력하고 있었다. 그녀의 얼굴에 슬쩍슬쩍 내비치는 미소나 간간이 고개를 끄덕거리는 모습으로 미루어, 지난 사흘 동안 엘 에스프레소에서 벌인 현장 조사가 꽤나 만족스러운 모양이었다. 캐럴은 마침내 노트북을 덮고 잭과 다이앤에게 손짓을 했다.

"기억하실지 모르겠지만, 이곳에 와서 제가 드린 첫 질문이 '왜 손님들이 비가 오는 날씨에도 이 집 커피를 마시려고 줄을 서서 기다리나요?' 였지요. 오늘 두 분과 말씀을 나누면서, 그리고 어제 손님들과도 직접 이야기를 나누면서 이러한 질문에 대한 답을 찾은 것 같습니다."

"해답을 알게 되면 저희가 잃은 손님을 되찾는 데 도움이 될까요?"

"예, 제 생각에는 그렇습니다."

캐럴은 엘 에스프레소가 그동안 어떻게 성공적으로 운영될 수 있었는지를 알아보는 과정에서 자신이 발견한 사실들을 차근차근 설명해나갔다.

"엘 에스프레소가 오늘날 이와 같이 성공할 수 있었던 것은 두 분이 그만큼 열심히 일하셨고, 무엇보다도 커피 장사에 대한 정확한 감각과 열정을 가지고 계셨기 때문이라고 봅니다. 이 가게의 높은 인지도라든가, 이 집 손님과 직원들이 두 분에 대해 가지고 있는 좋은 인상 등은 지금까지 두 분이 해오신 일이 낳은 결과라고 볼 수 있을 것입니다."

"좋은 말씀이긴 한데요. 문제는 그게 무엇인지 모르겠다는 겁니다. 우리가 직접 실행해온 일인데, 왜 정작 우리 눈에는 보이지 않는 거죠?"

"두 분처럼 뭔가에 열중해온 분들에게는 한 걸음 뒤로 물러나 자신이 무엇을 하고 있는지 바라본다는 것이 그리 쉽지만은 않은 법이죠. 컨설턴트인 저는 두 분이 일하시는 모습을 옆에서 지켜볼 수 있었고, 궁금한 점을 묻고 확인하면서 상황을 좀더 객관적으로 관찰할 기회를 가질 수 있었던 거죠. 일하는 순간에 이런 원칙들을 말로 표현할 수는 없다 하더라도 이것은 진실합니다. 두 분은 자신도 모르는 사이에 이 원칙들을 적용하고 있으며, 심지어 우리가 이야기하고 있는 동안에도 이 원칙들은 유효해요. 보편적인 원칙이라는 것이 그렇잖아요. 사람들이 믿든 믿지 않든 간에 통하는 것이죠."

잭과 다이앤은 벤치 양쪽 가장자리에 각기 앉아 캐럴의 말에 계속 귀를 기울였다.

"단골손님들이 많던 닷컴 회사의 직원들이 빠져나가면서 지금 하시는 사업이 많이 어려워졌다고 하셨죠. 이 난관을 극복하기 위해서는 애초에 이 사업에 뛰어들 때 하셨던 일들을 다시 한번 생각해볼 필요가 있지요. 어려운 시기에도 성공할 수 있는 비결은 잘되던 시절에 자신이 무엇을 어떻게 했는지를 돌이켜본 후 똑같이 하는 겁니다. 고객인 두 분에게 이 점을 보여드리기 위해 저는 닷컴 회사 직원들이 빠져나간 요인 이외에 다른 요인이 있었는지를 먼저 살펴보았습니다. 처음에 비해 어떤 점들이 달라졌는지 말이죠."

"두 분은 이 사업을 시작하신 지 20년이 넘었고, 그 뒤로 여러 차례 가게를 옮기셨습니다. 엘 에스프레소 같은 사업은 유동 인구가 많은 목좋은 곳에서 장사하는 것이 무엇보다도 중요하지요. 다른 가게가 그랬다면 아마 망했을 겁니다. 그런데 엘 에스프레소는 안 그랬어요. 상황은 정반대였지요. 가게를 옮길 때마다 기존의 손님들을 데리고 다녔을 뿐만 아니라 새 동네에서 새로운 손님을 끌어모으셨으니까요. 그래서 가게를 자주 옮긴 것이 문제가 되었을 가능성은 없다고 봅니다."

"문제일 거라고 생각했던 또 다른 요소는 직원들이었습니다. 장사를 시작하신 지 몇 십 년이 지났고, 그동안 직원으로 일한 사람만 해도 50명이 훨씬 넘으니까요. 대부분의 다른 서비스 분야에서도 마찬가지겠지만, 여기서 일하는 직원들 역시 가게 주인인 두 분과 고객들 사이의 직접적인 통로 역할을 했다고 해도 과언이 아니지요. 그런데 일을 못하는 직원들만 가게에 해를 끼치는 것이 아니라 일을 잘하는 직원들도 해를 끼칠 수 있습니다."

"좋은 직원들이 어떻게 해를 끼칠 수 있죠?"

"서비스업은 고객에게 절대적인 역할을 하는 직원에 의존하는 경우가 많습니다. 예를 들어 이름난 요리사가 있기 때문에 손님들이 많이 모이는 식당이라고 칩시다. 만약 요리사가 일을 그만둔다거나 다른 식당으로 자리를 옮긴다거나 혹은 자신이 직접 식당을 연다고 할 때, 식당은 기존의 손님들을 요리사에게 빼앗길 수 있습니다. 심지어 고객 기반이 흔들려 문을 닫을 수도 있겠죠. 그런데 엘 에스프레소의 경우는 달라요. 일을 잘한 여러 명의 직원들이 그만둔 뒤 자신의 커피점을 차렸지만, 심지어 두 분이 도와주기까지 했지만 이 가게의 고객 기반은 흔들리지 않았습니다. 그러니까 직원이 많이 바뀐 것은 문제가 되지 않습니다."

"그 다음에 저는 바꿔서 한번 생각해봤습니다. 변하지 않은 점이 어떤 건지 말이죠. 두 분이 이 가게를 시작하신 뒤로 아직까지 변하지 않은 것들이 여러 가지 있겠지만, 저는 그중에서도 가장 중요한 요소를 다섯 가지 꼽아보았습니다. 열정(Passion), 사람(People), 친밀(Personal), 제품(Product), 그리고……."

"한마디로 '4P'네요. 그리고 맨 마지막 것은 알겠어요! 의도의 눈(Eyes of Intention), 그렇죠?"

다이앤이 농담 섞인 어조로 말했다.

"정말 마음에 드는데요, 다이앤. 4P라고 부르면 기억하기가 훨씬 쉬울 것 같네요. 그러니까 첫 번째 P는 Passion, 즉 열정입니다. 두 분 모두 가지고 계신 거죠. 커피에 대한 열정, 가게에 대한 열정, 그리고 사람들을 기쁘고 행복하게 해주고 싶다는 열정. 만약 이러한 열정이 없었다면 오늘날까지 꾸준히 엘 에스프레소를 유지해오기 힘드셨을 겁니다. 어쩌면 불가능했을지도 모르죠. 특히 최근 들어 경기가 안 좋은데도 두 분은 잘 견뎌내며 헤쳐나가고 계시잖아요."

잭은 말 없이 앉아 캐럴의 말을 곰곰이 듣고 있었다.

"사람들은 자신이 좋아하는 일을 할 때는 그저 밥벌이를 위한 일이 아닌 살아가는 낙이라고 생각하죠. 두 분도 마음의 소리에 귀기울여보시면 자기 안에서 나오는 긍정적 에너지의 원천을 느끼실 수 있을 겁니다. 두 분이 엘 에스프레소를 사들일 때도 이러한 에너지가 있었기 때문에 열정을 가지고 가게를 이끌어오셨던 거예요. 그리고 가게에 대한 두 분의 비전, 다시 말해 두 분의 의도는 두 분이 지닌 그 열정의 직접적인 결과라고 볼 수 있습니다. 나무랄 데 없는 커피 한 잔을 맛있게 잘 뽑아서 다른 사람들도 음미하고 좋아하도록 만드는 것, 이러한 열정이 직원들에게 전해지고, 이 가게를 찾는 손님들에게도 전해진 거죠. 그러면서 두 분은 손님들과 직원들과 함께 처음에는 커피에 대해, 차츰 시간이 지나면서는 자기 자신과 주변에 대해 이야기를 나누는 분위기를 만들어나가셨던 겁니다. 열정이 일의 핵심이 되면, 일은 하나의 놀이가 됩니다. 일이 재미있어지면서, 궁극적으로는 성공하게 되는 거죠."

"궁금한 점이 몇 가지 있긴 하지만 말씀하세요. 그 다음 P는 뭐죠?"

"두 번째 P는 People, 즉 사람들입니다. 그러니까 이 가게를 찾는 손님들과 직원들이죠. 엘 에스프레소가 유명해지면서 좋은 손님들과 직원들이 모여들었습니다. 우선은 괜찮은 사람을 찾아서 일을 잘하는 직원으로 키우는 것이 첫 번째 과제였는데, 두 분은 예나 지금이나 문제가 없습니다. 두 분의 가치관을 공유할 수 있는 사람을 뽑아서 가게의 기준에 맞춰 맛있는 커피를 만들 수 있는 직원으로 교육시키셨죠. 제가 기억하기로는 다른 커피점에서 일한 경력이 있는 직원을 뽑아 쓰는 데는 관심이 없으셨지요. 두 분을 위해 일하기를 원한 좋은 사람들을 뽑으셨습니다."

"맞아요. 사실 저희 직원들 중에서 상당수가 처음에 저희 가게에 손님으로 드나들던 사람들입니다. 저희 커피를 좋아하고, 저희가 지키고자 한 것을 소중히 여겨주었기 때문에 결국에는 함께 일하게 되었던 거죠."

"바로 그거예요. 괜찮은 사람이 괜찮은 직원이 되는 것이거든요. 한 회사가 좋은 직원들로 구성되어 있다면 그 다음엔 무엇을 얻을 수 있을까요?

"좋은 고객을 얻을 수 있죠."

잭과 다이앤이 입을 모아 말했다.

"맞아요. 물론 지속적인 직원 교육은 열정이 낳은 직접적인 결과입니다. 열정이 연료라면 직원들은 엔진인 셈이죠. 직원들은 자신들이 하는 일이 재미있고 좋으면 회사에 충성심을 갖게 됩니다. 충성심이 있는 직원은 더 좋은 제품과 서비스를 제공하지요. 더 좋은 제품과 서비스는 더 좋은 고객을 끌어들입니다. 그리고 더 좋은 고객은 의리를 가지고 더 오래도록 머무르면서, 궁극적으로는 사업이 번창해나가는 데 중요한 가치를 지니게 됩니다."

"잭은 직원들의 마음을 즐겁게 해주면서 일하고 있습니다. 직원들과 '함께' 동일한 기대치를 만들어나가면서 자신의 의도와 생각을 직원들에게 이야기합니다. 그래서 직원들은 사장인 잭이 어떤 것을 원하고 기대하는지를 잘 압니다. 잭은 그들에게 두려움을 심어주거나 자신이 원하는 것을 힘으로 달성하려고 하지 않습니다. 제가 보기에 그는 직원 개개인을 칭찬하고 그들의 기여도를 높게 평가함으로써 직원들이 매일매일 최선을 다할 수 있도록 격려합니다. 또한 직원들이 성공하도록 격려하지요. 심지어 가게 일을 그만두고 자기 사업을 시작하려고 할 때도 말이죠!"

"좋습니다. 그럼 세 번째 P는 뭐죠?"

"세 번째 요소는 바로 Personal, 즉 친밀입니다. 인간적인 면을 의미하지요. 친밀하고 인간적인 면이 있어야 한다는 이야기입니다. 그러니까 고객들과 인간적인 연결고리를 만듦으로써 제품을 제공하는 것 이상으로 고객 충성도가 형성될 수 있도록 해야 합니다. 손님들은 엘 에스프레소에 오면 마치 자기 자신만을 위한 커피점에 온 것 같다는 느낌을 받게 됩니다. 손님 한 사람 한 사람이 중요하게 대접받는 거죠. 두 분은 자주 찾는 손님들의 이름을 하나하나 기억하실 뿐만 아니라 어떤 음료를 즐겨 마시는지도 잘 알고 있습니다. 결국 커피를 준비해서 손님들에게 건네주기까지 일이 빨리 이루어지기 때문에 기다리는 시간도 그만큼 줄어들겠죠. 손님들은 이 가게에 오면 '엘 에스프레소'라는 공동체에 속해 있다는 느낌을 받을 겁니다. 이 가게에 오면 모든 사람들이 자신에게 근황을 물어오고, 함께 기뻐하고 걱정하는 등

개인적인 이야기들까지 잘 알고 있으니까요. 상대방이 어떤 일을 하는지, 무엇을 좋아하는지, 결혼은 했는지 안 했는지 등등을 말입니다. 커피가 나오기를 기다리면서 서로 주고받는 이야기를 통해 개개인의 일상사가 오가는 거죠. 사람들은 가게에 들어와서 물건을 사도 '저 가게 주인은 내 지갑에서 돈이 나오기만 기다리고 있구나' 하는 느낌보다는 즐거운 분위기에서 마치 친구와 쇼핑하는 듯한 느낌을 좋아합니다. 고객과의 개인적이고 인간적인 연결고리가 형성되면 이런 분위기가 이루어집니다. 손님들이 가게에 와서 이야기를 꺼내도 마치 자기 친구나 가족, 직장 동료에게 말하는 것처럼 편안하고 즐거운 분위기가 되는 거죠. 이제 엘 에스프레소는 손님들에게 일상의 한 부분이 되었습니다. 손님들에게는 두 분과의 관계가 단순히 손님과 가게 주인 사이를 넘어 훨씬 더 가까운 것이 된 거죠."

"그동안 한번도 이와 같이 생각해본 적이 없었던 것 같아요." 캐럴의 이야기를 주의 깊게 듣고 있던 다이앤이 말했다.

"듣고 보니 상당한 책임감 같은 것이 느껴져 어깨가 무겁군요."

"그럴 거예요. 하지만 지금까지 해오신 것처럼 일을 재미있게, 즐거운 마음으로 해나가신다면 그 관계는 양쪽 모두에게 유익한 것이 될 겁니다."

캐럴은 노트북에 정리된 내용을 다시 훑어보면서 말을 이어나갔다.

"마지막 P는 Product, 즉 제품입니다. 여기서는 커피가 되겠지요. 제품은 사업의 기반이자 핵심입니다. 제품이 매우 좋으면 앞서 말씀드린 3P가 부실해도 고객들이 이를 크게 개의치 않을 수도 있습니다. 하지만 다른 P들이 아무리 잘되어 있더라도 제품의 품질이 기준에 미치지 못하면 그것은 치명적일 수밖에 없지요."

"잭, 엘 에스프레소가 성공할 수 있었던 것은 당신이 사람들을 좋아했던 만큼 제품, 즉 커피에 대한 열정이 있었기 때문입니다. 더 값싼 원두를 구입해 커피 원가를 낮출 수도 있지만 좋은 커피 맛을 그대로 유지하기 위해 그렇게 하지 않는다고 하셨죠. 당신은 최고의 원두와 최고의 커피메이커만을 고집하면서 가장 맛있고 향기로운 커피를 만드는 가장 적절한 방법을 개발하여 손님들에게 커피를 대접하고 있습니다. 그때그때 손님들에게 의견을 물어 그들의 입맛을 존중하면서요. 왜냐하면 이곳의 라테 한 잔은 단순히 사 마시는 흔한 커피가 아니라 손님들 개개인의 입맛과 취향이 담긴 소중한 커피이기 때문이지요. 오랜 세월의 경험이 축적된 커피, 한마디로 최고의 원두와 가장 맛있는 커피가 나오는데 들어간 온갖 정성과 경험이 한데 어우러져 오늘날 유명한 엘 에스프레소 커피가 나온 겁니다."

"그리고 또 하나 중요한 것은 그동안 직원들이 수없이 바뀌고 가게가 여러 차례 이전했지만, 커피맛은 예전의 맛 그대로라는 것입니다. 제품 품질의 일관성, 즉 엘 에스프레소에서는 변치않는 커피맛이 손님의 믿음을 얻었고, 이는 곧 고객 충성도로 이어졌던 것이죠. 두 분은 지금까지 커피 하나로 상당한 명성을 쌓으셨어요. 사람들이 커피맛이 일품이라고 다들 얘기하잖아요."

"그럼 이젠 의도에 대해 이야기할까요? 자신이 달성하려고 하는 것이 구체적으로 무엇인지 모르면 효율성이라는 것은 있을 수 없습니다. 모든 결과는 애초의 의도와 관련지어 평가될 수밖에 없는 것이죠. 자신이 달성한 결과가 의도와 맞아떨어지면 성공이라는 이름의 기차역에 도착한 겁니다."

자신의 말을 마음속 깊이 새길 수 있도록 캐럴은 잠시 말을 멈추었다.

"간단히 말해서 이러한 이유에서 손님들은 비가 오는 날씨에도 기꺼이 줄을 서서 기다리면서 커피 한 잔 마시려고 당신에게 커피값을 지불하는 겁니다."

"제가 제대로 이해했는지 모르겠는데요. 지금까지 들은 이야기를 정리하면 '엘 에스프레소를 다시 성공 궤도에 올리려면 열정을 가져야 하고, 좋은 직원을 고용하여 좋은 손님들을 만들어내고, 가게에서 커피를 사 마시는 일이 친밀하고 인간적인 일로 느껴지게 만들어야 한다. 동시에 커피의 좋은 맛을 계속 유지한다'. 맞나요?"

"바로 그겁니다."

"사업을 좀더 성공적으로 운영하기 위해서는 이외에도 또 다른 무엇이 있을 것 같은데요. 앞에서 말한 4P는 너무 간단하지 않은가요?"

"물론 사업에는 좀더 세부적인 요소들도 많지요. 회계 원칙, 인적자원 개발, 효과적인 네이밍 등 여러 가지가 필요하죠. 하지만 중요한 것은 성공의 가장 핵심적인 요소는 모두 이 4P 속에 들어 있다는 겁니다. 이 네 가지 근본 요소들만 제대로 지키면 다른 것들은 그냥 저절로 따라오게 마련이지요. 만약 회계 장부를 직접 쓰는 것이 당신이 해야 할 일이 아니라고 생각하면 회계사를 고용하면 되는 거죠."

"이미 그렇게 하고 있는 걸요."

"저는 인생은 단순한 진리들로 이루어져 있다고 생각합니다.

우리가 믿든 믿지 않든 단순한 진리들은 통합니다. 단순한 진리는 상식과 같은 거죠. 그런데 일상적으로 실천되고 있지는 않더군요. 하지만 두 분이 처음 이 사업을 시작하셨을 때 이러한 진리들이 통했다면 오늘날에도 똑같이 적용될 수 있을 겁니다."

"그럼 고객 기반을 개선하기 위해 저희가 해야 할 일이 단순히 4P 원칙을 지키는 것이란 말인가요?"

확신이 서지 않는다는 듯 잭이 물었다.

"너무 단순하게 들릴지 모르겠지만, 보편적인 진리라는 것은 원래 단순하답니다. 제가 여기 와서 두 분의 사업을 연구해 이 원칙을 끌어내기는 했지만, 사실 이 원칙들은 어느 사업에나 적용될 수 있습니다. 회사가 크든 작든, 어떤 제품을 생산하든 간에 말입니다. 4P 원칙은 이미 수천 개의 회사에서 알게 모르게 힘을 발하고 있습니다."

"직원이 수백 명이 넘는 회사에서도 말입니까?"

"'제트 블루'라는 회사를 들어보셨나요?"

"시애틀과 뉴욕 사이를 운항하는 새 항공사 말씀이죠?"

"예, 맞아요. 제트 블루가 운항을 시작한 뒤로 저는 줄곧 이 회사를 지켜봐왔습니다. 여기 올 때는 항상 제트 블루를 타고 오죠. 제가 100퍼센트 확신을 가지고 말씀드릴 수 있는 것은 우리가 말한 원칙이 제트 블루 항공사의 경영 철학에 그대로 녹아들어 있다는 사실입니다."

"그들도 4P라고 부르나요?"

"아뇨, 하지만 명칭이 어떻든 간에 지금도 보편적인 원칙들은 잘 통하고 있지요."

"그걸 어떻게 알 수 있죠?"

"하나하나 짚어볼까요? 첫째, 열정. 제트 블루의 창업자 데이비드 닐먼은 저렴한 항공료에 승객들을 친절하게 모시는 효율적인 회사를 만드는 데 열정을 쏟는 사람입니다. 둘째, 사람. 닐먼 회장은 최고의 인재만을 고용하여 수익 분배와 스톡옵션을 제공합니다. 그리고 모든 고객을 똑같이 존중하지 않는 직원은 가차없이 해고하겠다고 공언합니다. 셋째, 제품. 제트 블루 항공사는 한 가지 기종의 항공기만을 구입해 쓸데없는 지출을 줄였지요. 또한 모든 항공기의 좌석을 가죽으로 만들었을 뿐만 아니라 위성 텔레비전을 설치했습니다. 만약 운항 도중 불편을 겪은 승객이 있다면 무료 왕복 항공권을 제공합니다. 언젠가 부득이하게 출발 시간이 2시간 뒤로 늦추어지자 닐먼 회장이 직접 나서서 모든 예약 승객들에게 사전에 전화해 이러한 사실을 알리기까지 했습니다. 넷째, 친밀. 친밀이야말로 닐먼 회장을 따라잡을 사람이 없을 것 같네요. 그는 일주일에 한 번씩 직접 탑승객의 짐을 부치는 일을 합니다. 그리고 매주 한 번씩 자기 회사 비행기에 탑승하여 승객 한 사람 한 사람과 이야기를 나누며 고마움을 표시합니다."

"그럼 다섯 번째 요소인 '의도'는 어떤가요?"

다이앤이 물었다.

"간단해요. 제트 블루를 흑자를 내는 몇 안 되는 항공사 반열에 올린 후 해마다 성장을 거듭하는 회사로 키운다는 것이 닐먼 회장의 목표입니다. 제트 블루는 수천 개 회사 가운데 하나의 사례에 불과해요. 4P 원칙을 성공적으로 적용하면서 확고한 목표 달성 의지를 가지고 있는 기업들은 제트 블루 외에도 많습니다."

"4P 원칙과 목표 달성 의지가 사업주뿐만 아니라 직원들에게도 적용될 수 있는 건가요?"

"물론이죠. 사업주이든 평사원이든 관리직 중간 간부이든 상관없습니다. 4P 원칙과 '의도의 눈'은 본인을 비롯해 자기 부서, 회사 전체에 적용됩니다. 자신이 하는 일에 열정을 가지고, 최고의 인재를 고용하고, 할 수 있는 한 최고가 되고, 직장에서 친밀한 인간관계를 맺고, 자신이 만들어내는 제품이나 서비스의 수준을 최고로 유지하면 그 사람도, 그 회사도 성공할 수밖에 없습니다. 그리고 자연스럽게 자신의 일에 최선을 다하게 될 것입니다. 당신 자신에게나 고객에게나, 일은 즐거운 경험이 될 것입니다. 사실 인생의 대부분을 일하면서 보내는 만큼 될 수 있는 한 일을 즐길 수 있어야 하지 않겠어요? 다행히도 일을 즐기면서 하면 유익한 부수 효과가 따르게 마련입니다. 그러면 얼마나 도움이 되겠어요! 하지만 지금 하는 일을 하면서 행복하지 못하다면 왜 그런지 한번 따져보세요. 더 중요한 것은 어떻게 하면 일을 재미있게 할 수 있을지 스스로에게 물어보라는 것입니다."

"자신의 의도가 무엇인지 아는 것이 핵심이지요. 성공이란 애초 자신이 무엇을 목표로 했는지로만 규정될 수 있는 것입니다. 자신이 성취하고자 하는 것이 무엇인지만 정확히 알면 목표에 맞는 계획을 구체적으로 세울 수 있지요."

캐럴은 다이앤을 바라보았다. 다이앤은 한층 힘이 난 것처럼 보였다. 캐럴은 이어 벤치 위에 우두커니 앉아 있는 잭을 보며 말했다.

"잭, 대체 무엇이 문제지요?"

"글쎄, 잘 모르겠어요, 캐럴. 4P 원칙과 확고한 목표 달성 의지만 있으면 못할 사업이 없다는 것, 정말 단순하지 않나요? 말만 그럴듯한 건 아닌지 모르겠습니다. 저희가 엘 에스프레소에서 지금 하고 있는 일에서 어떻게 이러한 결론을 얻어낼 수 있는지 모르겠습니다. 당신이 여기 오기 전에 이미 머릿속에 가지고 있었던 생각에다 여기서 발견한 것들을 연결해 짜맞춘 듯한 느낌이 드는데요."

"물론 제가 여기 처음 올 때 기본적인 개념들은 이미 제 머릿속에 있었습니다. 제가 연구하는 과제이기도 하고, 살면서 직접 실천하고 있는 일이기도 하죠. 하지만 4P 원칙과 '의도의 눈'은 잭과 다이앤, 그리고 직원들과 손님들을 며칠 동안 지켜보면서 얻은 결론입니다. 제 말을 믿으세요. 두 분은 이 원칙들을 실제로 생활에서 적용하고 있다니까요. 그것도 매일말입니다. 그런데 지난번 조지하고는 이야기가 어떻게 되었나요?"

오후에 커피를 마시기 위해 가게 앞에 줄지어 순서를 기다리는 손님들을 바라보며, 잭은 조지와 나눈 이야기들을 들려주었다.

"사장님, 그냥 피곤해서 그래요. 만사가 다 귀찮아지네요. 찾아오는 손님들도 좋고, 사장님이나 일에 대한 불만은 없습니다. 그런데 아침에 눈을 뜨면 일어나기도 싫을 뿐더러 출근하기가 점점 더 힘들어지네요. 더욱 큰 문제는 요즘 제 기분이 저도 모르게 손님들을 대할 때 그대로 나타난다는 겁니다. 예전 같지가 않아요. 그래서 그런지 자주 들르던 몇몇 손님들이 언제부터인가 저희 집을 지나쳐 노드스트롬 커피점으로 가더군요. 제가 장사에 지장을 주지 않을까 걱정이 되요. 그래서 드리는 말씀인데요, 아무래도 제가 그만두는 것이 좋을 듯합니다. 적어도 당분간은 그게 좋겠어요."

　조지가 따로 할 말이 있다고 해서 자리를 같이하기는 했지만, 잭은 내심 걱정을 하고 있었다. 그런데 우려했던 것만큼 목소리를 높이는 일은 없었고, 근심걱정이나 책임 추궁을 하는 자리도 아니었다. 만약 서로 입장이 바뀌어 자신이 직원이었다면 조지처럼 침착하게 대처했을지 잭은 솔직히 자신이 없었다.

　"조지, 상황이 여기까지 오게 되어서 나도 미안하네. 만약 최선을 다할 자신이 없고 또 다른 방법을 찾을 수 없다면 자네 말처럼 잠시 쉬는 것도 좋은 방법일 것 같네. 요즘 자네를 볼 때 뭔지 모르게 안정감과는 거리가 멀다는 느낌을 받았는데. 글쎄, 사람이 살면서 일이 전부는 아니지 않은가. 즐기는 것도 중요하지. 자네가 아침마다 가게문을 여는 일을 한 지도 꽤 되었는데, 일주일에 엿새라면 힘들만도 하지. 자네의 정성과 노력이 있었기 때문에 장사가 그만큼 잘되었다는 점은 나도 고맙게 생각하고 있어. 그런데 우리가 무리를 한 것 같아. 지나고 보니 내가 자네를 너무 혹사시킨 것 같기도 하고. 주중에 하루는 쉴 수 있도록 배려했어야 했는데."

"사장님이 쉬라고 하셨어도 아마 제가 사양했을 거예요. 전 여기가 좋아요, 손님들도 좋고요. 단지 이제는 제가 다른 일을 할 때가 된 것이 아닌가 하는 생각이 들어요. 사장님도 말씀하셨잖아요. 여기서 직원들이 평생 일할 거라고는 기대 안 하신다고요. 사장님이 변함없이 잘해나가시는 걸 보면 놀라워요."

"모든 것이 다 잘 해결된 것 같네요. 조지도 책임감 있게 행동하고요."

잭이 고개를 끄덕였다.

"결국엔 잘 끝났는지 모르겠지만 처음 시작할 때는 그렇지 못했어요. 오늘 하루 세 번 이야기할 기회가 있었는데, 처음에는 껄끄러웠죠. 사실은 우리 둘 모두 이 문제를 정면으로 마주할 자신이 없었던 것 같아요. 문제를 피하기에만 급급했지요. 결국 우리 둘 모두 문제의 핵심을 파악한 거죠. 문제는 조지의 마음, 즉 '의지'였어요."

"문제를 파악한 다음에는 어떻게 하셨는데요?"

"문제가 명확해지니까 어떻게 해결할지에 대해 얘기하기가 쉬워졌습니다."

"그래서 어떻게 해결했지요?"

"일단 저희가 후임을 구할 때까지 조지가 2주 더 일하기로 하고, 저희는 조지에게 6개월 동안 쉴 수 있도록 휴가를 주기로 했습니다. 그동안 자신이 뭘 하고 싶은지 생각해볼 수 있도록요. 만약 그때 다시 가게로 돌아온다면 그가 세운 목표를 제가 옆에서 힘껏 돕기로 했습니다. 그 목표가 무엇이든 말이죠."

"보세요, 어떤 길이 옳은 길인지 다 알고 있잖아요."

"말씀해주신 4P 원칙이 맞을지도 모른다는 생각을 했습니다. 그런데 그렇게 간단한 것을 왜 저는 볼 수 없었던 거죠?"

"이러한 원칙들을 직접 실천하고 있기 때문이 아닐까요? 외부에 있던 저로서는 관찰자의 입장에서 아무런 편견 없이 엘 에스 프레소에서 이루어지는 일들을 객관적으로 더 잘 볼 수 있는 위치에 있었거든요."

"좋습니다. 당신 말씀이 맞다고 칩시다. 그럼 앞으로 저는 어떻게 해야 하나요? 이 원칙이 저한테 어떻게 적용될지, 어떻게 도움이 될지 아직도 잘 모르겠습니다."

"예전에도 통했던 원칙들이에요, 잭. 다시 통할 거예요."

"확신이 안 서는데요."

"그게 바로 묘미 아니겠어요. 선택의 문제예요. 현재 하고 있는 커피 장사는 경쟁이 치열한 부문입니다. 하지만 두 분은 성공을 요리해낼 수 있는 좋은 재료를 가지고 있어요. 시간을 두고 한번 곰곰이 생각을 해보세요. 자신이 세운 목표를 다시 한 번 점검해보세요. 그리고 말씀드린 4P를 의식적으로 적용하도록 노력해보세요. 그리고 얼마나 진전되었는지 6주 뒤에 제가 다시 와서 보겠습니다. 어떻게 생각하세요?"

"잘될지는 모르겠지만, 그랬으면 좋겠습니다."

"벌써 목표가 나왔네요."

"좋습니다. 컨설턴트의 말씀을 믿고 한번 해보죠."

"그럼 6주 뒤에 다시 뵙기로 하죠."

에필로그

6주 뒤

**시애틀 시내
파인 스트리트와 4번가가 만나는 모퉁이 커피집 엘 에스프레소
오전 10시**

구름 한 점 없이 맑고 파란 하늘에서 햇빛이 강하게 내려 쬐고 있었다. 사흘 동안 비 한 방울 내리지 않았는데, 평소에 비하면 거의 가뭄에 가까운 날씨라고 볼 수 있었다. 섭씨 15도에서 21도 사이, 밖을 돌아다닐 만큼 포근한 날씨, 따뜻한 커피 한 잔 들고 있으면 기분 좋을 만큼 쾌적한 날씨였다.

잭은 엘 에스프레소 건너편 벤치에 친구인 짐과 나란히 앉아 손에 든 리스트레토 한 잔을 음미하며 마시고 있었다. 두 사람이 여유 있게 앉아 조용하게 이야기를 나누는 것도 최근 6주 만에 처음 있는 일이었다.

"자네, 안정을 되찾은 듯한 모습인데. 눈 밑에 검은 그늘도 없어지고 말야. 에너지가 넘쳐흐르는 것 같아. 사람이 달라 보이는데, 무슨 좋은 일이라도 있나?"

"이봐, 잭, 정말 신기한 일이 벌어졌어. 자네가 지난번에 나에게 이야기한 것 말일세. 내 사업 운영 방식에 대해서 한마디하지 않았나. 자네의 말이 내 머릿속을 떠나지 않는 걸세. 그래서 곰곰이 생각했지. 내가 그동안 했던 일들 하며……. 나 자신을 돌아보면서 깨달은 사실이 몇 가지 있어. 그중 하나는 내가 직원들을 전혀 믿지 못하고 있었다는 사실이야. 직원들을 적이라고 생각하고 있었던 거지. 내 사업에서 나를 도와주는 사람들이라고 인식하지 못했던 거야. 손님들을 대할 때도 마찬가지였어. 나 자신을 포함해 직원들이 손님을 대하는 자세 하며, 한마디로 서비스 정신이 없었던 거야. 술집을 운영하는 나로서는 끝이 보였던 셈이지. 사실 우리 집 말고도 술과 샌드위치를 먹을 수 있는 집은 수도 없이 많아. 우리가 원하는 건 그날그날 장사를 잘해 매상을 올리는 것뿐만 아니라 한 번 왔던 손님들이 지속적으로 우리 집을 찾아주는 것 아닌가. 그런데 실상은 전혀 그게 아니었어. 직원들끼리 서로 믿지 못하는 것이 손님들 눈에도 보였고, 점점 가게를 찾는 손님들의 발길이 줄어들었던 거야. 단골손님이 될 수도 있는 사람들이었는데 말야. 이 모든 것을 지켜보면서 직원들의 움직임 하나하나를 주시하고 있는 나를 발견했지. 그리고 나는 성공하려고 노력한 것이 아니라 실패하지 않으려고 바둥거리고 있었다는 사실을 깨달았어."

"무슨 말인지 알겠어. 그래서 어떻게 했는데?"

"자네가 하라는 대로 했지. 야간 근무 책임자인 데비라는 직원을 불러서 물어봤어. 우리 가게가 어떤 가게가 되었으면 좋겠느냐고, 장사를 좀더 잘하려면 어떻게 하는 것이 좋겠느냐고, 좋은 생각이 있으면 말해달라고 말이지. 처음에는 내가 붙잡고 있는 것들을 놓기가 쉽지 않았어. 하지만 데비가 자신의 의견을 말하면서 내놓은 제안들을 한번 믿어보기로 했어. 좋은 생각이라며 한번 그대로 해보라고 말이지. 그 뒤에는 새벽 3시에 가게에 나와서 확인하는 일을 그만두었어."

"그래서 어떻게 되었는데? 더 좋아졌나? 금방 표시가 나던가?"

"글쎄, 처음에는 별로였어. 근 한 달은 걸렸을 걸. 하지만 마음먹은 대로 밀고나가니까 다른 직원들도 조금씩 마음이 움직이는 것 같더군. 데비와 나 사이의 서먹서먹하고 불편한 관계가 사라지고, 데비가 제안하는 방향으로 힘을 실어주는 것이 직원들 눈

에 보였던가 봐. 이제 다른 직원들도 좋은 생각이 있으면 주저 없이 내놓으면서 더 적극적으로 일하는 것 같아. 직원들의 아이디어 일부를 한번 적용해보려고 해. 솔직히 모든 것이 제대로 움직이고 있는 것 같아. 매상도 올라가고, 손님들도 늘어난 것 같고. 오던 손님들도 변함없이 우리 가게를 찾아주고. 현재로서는 가게 수익이 좋아졌어. 기분이 더 좋은 건 같이 일하는 사람들끼리 예전보다 훨씬 사이가 좋아졌다는 거야. 난 잠을 더 잘 수 있어서 좋고. 새로운 사람이 된 것 같아. 그래서 자네에게 고맙다는 말을 하려고 왔네."

"축하하네. 자네가 잘되니 나도 보기가 좋은 걸. 그런데 내가 자네에게 이야기한 내용은 모두 자네도 알고 있었던 거야. 단지 자네가 어려운 상황에 놓여 있었기 때문에 눈에 잘 안 들어왔을 뿐이지. 난 외부에 있어서 자네보다 더 잘 보였다는 차이만 제외하고는 말야. 그때 나도 컨설턴트와 상담하면서 자네와 비슷한 처지에 있었지."

"맞아, 기억 나. 그때 컨설턴트가 자네에게 어떤 조언을 했는지 모르겠지만 효과가 있었던 모양이네. 보아하니 자네 가게도 잘되고 있는 것 같은데. 최근 들어 손님들 줄이 더 길어진 것 같아. 예전 그 닷컴 회사가 다른 데로 이전하기 전처럼 말야. 컨설턴트가 뭐라고 했는데?"

"사실은 내가 자네에게 한 것과 똑같은 이야기를 해주더군. 자네처럼 나도 컨설턴트가 이야기해준 사실을 예전부터 거의 다 알고 있었던 것 같아. 단지 신경을 쓰지 않고 살았던 거지."

"그럼 어떻게 다시 주의 깊게 보게 되었는데?"

"글쎄, 초심으로 돌아갔다고나 할까. 내가 창업할 때 했던 일들을 다시 시작했어. 당시에 썼던 화이트보드를 다시 사서 매일 다른 질문을 써놓고 화젯거리를 만들어나갔지. 화이트보드를 보고 사람들이 내게 다시 질문을 해오는 것은 물론 서로 같이 이야기꽃을 피우더군. 몇몇 사람들은 심지어 그 다음날에 올릴 질문까지 제안하더군. 예전처럼 요즘은 일주일에 한 번씩 퀴즈 대회도 열고 있어. 매일 무료 커피를 주변 사무실에 배달하는 이벤트도 벌이고 있고. 그리고 얼마 전부터 정식 교육 지침서를 쓰기 시작했어. 지난 몇 년 동안 몸소 체득한 경험과 컨설턴트가 내게 다시 상기시켜준 사업 운영 방식, 애초 창업을 하기로 결심한 동기 등을 글로 남기로 싶어서 말야."

"야, 굉장한데. 모든 것이 다 착착 잘 굴러가고 있는 것 같은데."

"그렇지. 현재 하고 있는 일을 내가 얼마나 즐기는지 잠시 잊어버렸던 것 같아. 물론 사시사철 마냥 좋을 수만은 없겠지. 내가 지금 뭘 하고 있는지, 잘하고 있는지 가끔씩 의문이 들기도 할 거야. 조지가 휴직하기 전에 그랬던 것처럼 말야. 하지만 내가 지금 하고 있는 일을 한 걸음 물러나서 바라보면 상황이 다르게 보이더군. 컨설턴트가 그랬던 것처럼 외부의 시각에서 바라보면 말야. 가게를 꾸려나가는 것이 얼마나 힘든 일인지 자네도 알지. 나 자신은 물론 같이 일하는 직원들의 엄청난 에너지가 요구되는 일이잖아. 과연 내가 이 일을 좋아하는지, 열정을 가지고 있는지 자문을 하게 되더군. 일에 대한 내 각오도 다시 한 번 다지게 되고. 가게를 다시 성공 궤도로 올려놓을 수 있을지도 심각하게 고민하게 되고 말이야."

"내가 진정 원하는 것이 무엇인지 되돌아보고 컨설턴트가 제시했던 4P를 되짚어본 결과, 성급하게 생각하지만 않는다면 다시 제대로 할 수 있을 것 같더군. 사업을 새롭게 시작하는 기분이야. 요즘 내 인생도 그렇지. 다시 에너지를 충전해 새롭게 출발할 수 있을 것 같다고."

"네 가지 피라니? 누가 피 흘렸어?"

"참, 이 사람 농담도. 캐럴이 그랬거든, 사업의 성공 여부는 사실상 네 가지 요소에 달려 있다고. 첫째가 열정인데, 자신이 하고 있는 일을 즐기고 아끼는 것이 무엇보다도 중요하다는 거지. 그 다음이 사람이야. 좋은 사람을 고용해서 훌륭한 직원으로 교육시키고, 자신이 원하는 고객을 끌어모으는 것이지. 친밀한 인간관계 역시 중요한 요소야. 직원들과 고객들을 마음을 나눌 수 있는 친구로 만드는 것이지. 마지막으로 제품이 있는데, 사람들이 살 때 전혀 돈이 아깝지 않은 제품, 한마디로 제 값어치를 하는 제품을 파는 거지."

"잭, 예전의 자네로 되돌아온 것 같아. 나도 다음에 그 컨설턴트가 오면 조용히 같이 앉아 자문을 구해봐야겠는 걸. 도움이 될 것 같아."

"아마 그럴 거야. 그런데 혼자서도 이미 다 잘하고 있는 것 같은데."

"그건 그래. 하지만 자네도 이야기하지 않았나. 외부에서 객관적으로 사업을 바라보면 더 정확하게 볼 수 있다고. 그 컨설턴트가 자네에게 도움이 되었다면 나도 한두 가지는 더 배울 수 있을 것 같은데."

"그래? 마침 오늘 오후에 만나기로 했는데, 잘됐네, 자네 명함을 놓고 가게. 내가 그분에게 전해주지."

"고마워. 그럼, 난 이만 가봐야겠어. 새로 온 주간 지배인과 만나서 몇 가지 상의할 것도 있고. 점심 시간대 영업을 어떻게 하면 더 활성화시킬 수 있을지 논의하기로 했거든. 집에 돌아가는 길에 들르게. 좋은 말을 들었으니 한턱 내야지."

"좋지, 그럼 좀 있다 보자고."

잭은 남은 커피를 마시면서 이런저런 생각을 했다. 잭은 짐과 나눈 이야기를 생각하자 캐럴이 더욱 기다려졌다. 그녀 덕분에 장사가 다시 활기를 되찾았다는 좋은 소식을 전해주고 싶기도 했고, 4P 원칙으로 짐의 가게 또한 좋은 효과를 보고 있었기 때문에 할 이야기가 많았던 것이다.

얼마 후 캐럴이 잭이 앉아 있는 자리로 왔다. 그녀가 채 앉기도 전에 잭이 말했다.

"어서 오세요, 캐럴. 반갑습니다. 제가 먼저 라테 한 잔 뽑아올게요. 그리고 같이 앉아서 이야기해요. 그동안 녹음할 준비하고 있으세요. 저 오늘 할 이야기가 무척 많습니다. 책 한 권은 거뜬히 나올 만한 분량일 겁니다."

캐럴 위즈덤의 수첩에서

만족스러운 인생과 일에 있어서 성공을 위해서는
자신이 현재 하는 일과 일로 맺어진 인간관계에
다음의 원칙들을 조금씩 적용해 보면 된다.

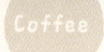

열정이 모든 것을 좌우한다

- 자신이 좋아하는 일을 하라. 그러면 살면서 가외의 일을 하는 날은 없을 것이다.
- 마음에 귀를 기울이고, 긍정적 에너지를 샘솟게 하는 원천을 발견하라.
- 열정을 가지고 일하라.
- 비전을 추구하며 일과 놀이를 혼합하라.
- 여러 사람들과 넉넉한 마음으로 비전을 나누어라.
- 모든 사람들이 열정을 자유롭게 표현할 수 있게 만들어라.
- 자신을 자연스럽게 드러낼 수 있도록 일하는 것이 중요하다.

사람들과 함께 일을 도모하라

- 동일한 가치를 추구하는 사람을 찾아라.
- 대인관계에서 두려움과 힘을 이용하지 말라.
- 명확하게 의사소통하고, 모두가 공유하는 기대치를 개발하라.
- 모든 사람들을 칭찬하고 기운을 북돋워주라.
- 매일 매일 최선을 다해 일하라.
- 긍정적으로 생각하라. 자신을 믿고 다른 사람들에게 믿음을 주어라.
- 다른 사람들이 성공할 수 있도록 도와라.
- 규칙은 되도록 만들지 말고 비밀은 없애라.
- 직원들에게 격려와 칭찬을 아끼지 마라.

친밀한 관계를 만들어라

- 예의바르게 보이도록 행동하라.
- 모든 상황에서 진심으로 남을 대하라.
- 긍정적인 관계를 만들어라.
- 마음을 열어 업무 외적으로 친밀한 관계를 만들고, 관대한 마음을 가져라.
- 주인처럼 행동하라.
- 이벤트를 만들어라. 모든 사람들을 특별하고 소중하게 생각하라.
- 머리와 가슴으로 일하라.

제품이 기본이다

- 사람에 대한 열정만큼 자신이 내놓는 제품에 대해서도 열정을 가져라.
- 차별화를 꾀하고, 사람들을 기쁘게 하라.
- 고객의 말에 귀를 기울여라.
- 모든 만남을 처음이자 최선으로 생각하라.
- 꾸준히 신뢰를 쌓아가라.
- 고객들에게 끊임없이 화제가 되는 제품을 제공한다는 평판을 얻어라.

의도의 눈을 가져라

- 자신만의 성공의 기준을 명확히 하라.
- 자신과 자신이 하는 일의 바람직한 관계를 마음속에 그려보라.
- 자신감을 가지고 꿈과 목표를 추구하라.
- 다른 사람의 의도를 이해하고 존중하려고 노력하라.
- 기회가 생기면 긍정적인 선택을 하라.
- 자신의 의도에 비추어 자신이 정한 방향이 올바른지 확인하라.

토론 자료

BEANS

일과 인생에 4P 원칙 적용하기

현재 자신이 하고 있는 일에 대한 생각을 정리하고,
자신과 일의 관계를 좀더 잘 이해할 수 있도록 질문들을 마련했다.
질문의 답을 찾아가면서 자신의 현재 위치를 되짚어보고,
자신이 세운 목표를 이루기 위해 무엇을 해야 할 지 깨닫기를 바란다.
질문은 각 장별로 구분되어 있으며, 개인 또는 직장의 상황으로
나눠져 있다. 활발한 토론이 이루어지기를 바란다.

1. 열정

개인

- 잠만 자기에 인생은 너무나 짧고 재미있다. 지금 하고 있는 일을 좋아하는가? 열정을 가지고 있는가?
  그렇지 않다면 그 이유는 무엇인가?
- 매일같이 열정적으로 일하기 위해 할 수 있는 일은 무엇인가?
- 내가 하는 일을 통해 주변 사람들도 내가 지닌 열정을 똑같이 느끼고 있는가?
- 시간이 흘러도 열정을 그대로 유지할 수 있는가?
- 열정이 식을 때, 어떻게 다시 불러일으킬 것인가?

직장

- 잭과 다이앤은 손님들이 엘 에스프레소에 대해 애정을 보여줄 때까지 마냥 기다리지 않고 좀더 적극적으로 나선다. 이것을 어떻게 직장에서 일이나 인간관계에 적용할 수 있는가?
- 관리 책임자로서 열정이 좀더 드러나도록 어떤 일을 할 수 있는가?
- 열정적인 회사를 위해 일하는 것은 무엇을 의미하는가? 열정과 수익은 갈등 없이 공존할 수 있는가? 직장에서 열정이 제대로

대접받고 있는가?
- 내 직장에서 열정이 얼마나 중요한 역할을 하는가? 끊임없이 열정을 보이는 사람은 누구인가? 열정이 어떻게 또 다른 방식으로 나타나는가? 고객도 나의 열정을 느끼고 있는가? 그것을 가로막는 것은 무엇인가?
- 어려운 상황에 놓인 회사에 어떻게 열정을 불어넣을 수 있는가? 열정은 동기 부여와 관련이 있는가? 있다면 구체적으로 어떻게 관련되는가?
- 내가 몸담고 있는 회사의 경영 원칙은 무엇인가? 경영 원칙은 잘 지켜지고 있는가? 직원들은 원칙을 제대로 알고 있는가?
- 엘 에스프레소의 매출은 하향곡선을 그리고 있었다. 직장에서 비슷한 경험을 해본 적이 있는가? 그때 회사에서는 어떤 조치를 취했는가? 그 조치는 효과적이었는가? 효과적이었다면 왜 효과적이었는가? 아니었다면 왜 아니었는가?

2. 사람

개인

- 나와 함께 일하는 사람들은 어떤 부류의 사람들인가?
- 나는 어떤 부류의 사람인가?
- 내 고객들은 올바른 사람들인가?
- 나는 고객을 고르는 입장인가? 고객을 대접할 준비가 되어 있는가?
- 고객들, 그리고 함께 일하는 사람들과 지속적인 관계를 만들어왔는가?
- 급여로 볼 때 나는 어떤 평가를 받아왔는가? 동료들과는? 상사와는? 고객들로부터 어떤 평판을 들어왔는가?
- 직장 생활과 개인 생활이 균형을 이루고 있다고 생각하는가? 그렇지 않다면 그 이유는 무엇인가? 균형을 찾기 위해 나는 무엇을 할 수 있는가?

직장

- 잭은 직원들 없이 사업이 제대로 운영될 수 있을지 곰곰이 생각한다. 직장에서 직원 개개인이 차지하는 중요도는 어느 정도인가?
- 직원들은 자신들이 회사로부터 정당하게 대우받고 있다고 생각하는가? 그렇지 않다면 그 이유는 무엇인가?
- 잭과 함께 일했던 직원들 중 상당수가 단지 돈 때문에 엘 에스프레소에서 일했던 것은 아니다. 내 경우는 어떤가? 내가 일하는 회사는 월급 이외에 어떤 방법으로 직원들에게 보상 또는 보람을 주는가? 그것들은 직원들에게 동기 부여가 되는가?
- 회사가 직원들에게 고마움을 표시하기 위해 보여줄 수 있는 다른 보상 방법이 있다면 무엇인가?
- 술집을 운영하는 짐은 직원들을 믿지 못하겠다고 말한다. 직원들이 일상 업무를 수행하는 데 신뢰와 불신이 어떤 역할을 한다고 생각하는가? 회사는 직원들에게 신뢰를 보여주기 위해 무엇을 해야 한다고 생각하는가?
- 조지는 일에 대한 열정이 식은 것 같다고 말한다. 그런 직원에게 다시 힘을 불어넣어주기 위해 잭은 어떻게 하는 것이 옳았을까? 시간이 지나면 일을 하면서 소진감을 느끼는 것이 당연한가?

3. 친밀

개인

- 사람들은 누구나 편안한 마음으로 찾아갈 수 있는 장소를 좋아한다. 나를 찾는 고객들을 친구처럼 대하는가? 그들의 이름을 아는가? 그들의 가족 이름을 아는가? 그들이 개인 시간에 하는 취미 활동을 아는가? 직원과 동료의 개인 생활에 대해서는 어떤가?
- 고객과 동료와 매일 의미 있는 대화를 나누는가? 나의 노력으로 형성된 공동체가 있는가?
- 고객을 좀더 적극적으로 끌어들이기 위해 무엇을 하는가?
- 잭은 자신이 놀이공원에서 일할 때 직원들이 손님을 가리켜 '동물'이라고 했음을 기억한다. 나는 고객에 대해 어떻게 이야기하는가? 그리고 이것은 자신이 손님을 대하는 방식에 어떤 영향을 미치는가?
- 엘 에스프레소의 단골손님인 샐리는 아침마다 커피를 사기 위해 줄을 서서 기다리다가 현재의 남편을 만나게 되었다. 내가 다니는 회사 또는 내가 직접 만든 공동체에서 이와 같이 고객에게 좋은 일이 생긴 적이 있는가?

직장

- 잭은 직원과 고객의 친밀한 관계를 강조한다. 내가 일하는 조직에서 고객 충성도는 얼마나 중요한가? 고객 충성도를 높이기 위해 어떤 방법을 동원할 수 있는가?
- 엘 에스프레소를 찾는 손님들은 가게 직원들이 자신의 일을 진지하게 생각하면서도 재미있게 일하는 것 같다고 말한다. 내가 근무하는 직장 분위기는 어떤가? 너무 진지한가 아니면 너무 가벼운가? 두 가지가 균형을 이룰 수 있는 방법은 무엇인가?
- 캐럴은 직원의 충성도가 고객의 충성도로 이어진다는 연구 결과를 제시한다. 그녀의 의견에 동의하는가? 직원들의 사기를 높이면서 고객 기반을 강화할 수 있는 방법은 무엇인가?
- 엘 에스프레소의 가장 큰 특징은 바로 고객 충성도이다. 내가 관리하는 고객의 경우는 어떠한가? 고객 충성도가 있는가? 만약 없다면 그 이유는 무엇인가?
- 잭은 매일 아침 마음가짐에 따라 하루가 달라진다고 말한다. 이 말에 동의하는가? 좋은 하루를 만들기 위해 어떤 태도를 취하는 것이 가장 바람직한가?
- 가게나 회사에 들어섰을 때 사람들이 이름을 불러주며 한 가족처럼 대해주면 많은 고객들이 좋아한다. 내가 일하고 있는 조직에서는 어떻게 고객이 특별 대우를 받는다는 느낌을 갖도록 만드는가? 대기업에서는 고객을 가족처럼 대하기 위해 어떤 새로운 방법을 도입할 수 있는가?

- 한 손님은 손님들을 잘 대하는 것이 얼마나 중요한지에 대해 말했다. 내가 몸담고 있는 조직에서는 어떤가? 고객 서비스의 중요성이 강조되고 있는가? 직원들을 대상으로 고객 서비스에 대한 교육이 실시되고 있는가? 엘 에스프레소에서 볼 수 있는 고객과의 관계를 내가 일하는 곳에 적용하기 위해서는 무엇이 필요한가?
- 한 손님은 엘 에스프레소의 사정이 별로 좋지 않다는 소식을 들었다고 말했다. 회사가 어려운 상황에 처한 경험이 있는가? 이런 소식은 직원들에게 어떻게 알려지는가? 고객들에게는 어떻게 알려지는가? 그 과정을 파악한 뒤 결과를 분석하라.
- 한 손님은 엘 에스프레소에 오면 고객과 서비스가 최우선이라고 말한다. 내가 일하고 있는 조직에서는 어떤가? 무엇을 최우선으로 생각하는가?

4. 제품

개인

- 다른 요소들이 아무리 좋아도 제품이 좋지 않으면 소용없다. 내가 만드는 물건이나 제공하는 서비스의 질에 신경을 쓰고 있는가? 나는 어떻게 일을 수행하는가?
- 내가 만든 제품은 자신이 누구인지를 세상에 보여주는가?
- 품질 높은 제품이 지속적으로 만들어질 수 있는 환경을 조성해왔는가? 인기 제품에 변화를 주면서도 고객을 잃지 않으려면 어떻게 해야 하는가?

직장

- 엘 에스프레소는 여러 해 동안 좀더 맛있는 커피를 만들어내는 데 시간과 돈을 투자했다. 내 회사는 좀더 질 높은 제품이나 서비스를 제공하기 위해 어떤 일을 해왔는가? 그리고 고객들에게 어떻게 이야기해왔는가?
- 잭은 좋은 제품의 특징으로 일관성을 강조한다. 이 말에 동의하는가? 좋은 제품을 제공하는 회사가 품질을 유지하려면 어떻게 해야 하는가?
- 엘 에스프레소 커피에 대한 믿음은 거의 신화가 되었다고 캐럴은

말한다. 사람들은 이 가게의 커피 같은 커피는 세상에 다시 없을 것이라고 굳게 믿고 있다. 자신이 제공하는 제품이나 서비스도 고객의 마음속에서 신화로 자리잡았는가? 아니라면 이를 위해서는 무엇이 필요한가?

- 서비스가 아무리 좋아도 제품이 수준 미달이면 소용없다. 반대로 제품이 아무리 좋아도 서비스가 엉망이면 소용없다. 여기에 동의하는가? 내 경험을 돌이켜볼 때 이러한 사례를 단적으로 보여줄 만한 경우가 있었는가?
- 원가 절감과 가격 인상은 어떤 사업을 하든 불가피한 일이다. 잭은 품질이 낮은 원두를 사용해 커피맛을 떨어뜨리는 것보다 커피값을 올리는 편이 더 낫다고 생각한다. 다른 회사들은 이러한 문제를 어떻게 해결하고 있는가? 제품의 가격 인상을 고객들에게 잘 알리는 방법은 무엇인가?
- 캐럴은 잭에게 기본을 지키는 것이 중요함을 강조한다. 내 경우 사업의 근본과 기본이 되는 것은 무엇인가? 기본의 중요성을 어떻게 직원들에게 전달하는가? 내가 몸담고 있는 회사는 올바른 기본을 가지고 있는가?
- 주인의식과 책임감을 가진 직원이 자신의 행동과 제품의 품질에 대해 책임을 질 때, 이런 기업을 성공한 기업이라 부른다. 이같은 관점에서 내가 몸담고 있는 회사도 성공한 기업인가?

5. 의도의 눈

개인

- '의도'란 계획을 더 멋지게 표현한 말이다. 나는 내 인생의 계획을 세워놓고 있는가? 어디로 가고자 하는지 알고 있는가? 내가 무엇이 되고 싶은지 알고 있는가?
- 성공이란 개인적이면서 상대적인 것이다. 내게 성공이란 무엇인가? 내가 하고 있는 일이 성공의 기준에 부합하는가?
- 내가 하고 있는 일을 사랑한다고 자신 있게 말할 수 있는가? 그렇지 못하다면 어떤 일을 할 때 자신 있게 말할 수 있는가? 내가 현재 하고 있는 일이나 일에 대한 마음가짐에 변화를 가져올 수 있는 것은 무엇인가?
- 내가 하고 있는 일에서 무엇을 얻어가고 싶은지, 무엇을 채워넣고 싶은지 앞으로의 계획을 설명할 수 있는가?

직장

- 캐럴은 회사의 규모와 상관없이 어떤 사업을 하든 전략이 필요하다고 강조한다. 내가 일하고 있는 회사는 어떤 목표를 가지고 있는가?
- 회사가 지향하는 사명은 무엇인가?

- 회사는 어디에 가치를 두고 있는가? 직원들은 이러한 가치에 동의하는가? 그렇지 않다면 그 이유는 무엇인가? 직원들은 회사와 동일한 가치를 추구해야 하는가?
- 회사는 미래에 어떤 목표를 세우고 있는가? 내가 개인적으로 세운 목표와 얼마나 일치하는가? 회사가 세운 목표를 달성하기 위해 나는 어떤 도움을 줄 수 있는가?
- 잭은 사업 확장의 차원에서 점포 수를 늘렸지만 결과는 만족스럽지 못했다. 잭은 왜 사업 확장을 싫어하는가? 만약 비슷한 기회가 주어진다면 나는 어떻게 행동할 것인가? 사업 확장을 위한 실질적 방안으로는 무엇이 있는가?

6. 4P

개인 및 그룹 과제

- 업무 환경에서 4P를 활용하고 있는가? 일상 업무에서 4P를 실천하기 위해 어떤 조치를 취할 수 있는가?
- 만약 회사 업무에 4P를 적용한다면 개인적으로 어떤 이익이 있을 것이라고 생각하는가? 이때 비용이 발생할 것인가?
- 회사가 의도하는 기업 이미지와 평판은 어떤 것인가? 현재 회사가 지니고 있는 이미지와 평판과 차이가 있는가?
- 캐럴은 4P가 보편적이라고 말한다. 따라서 산업 부문이나 회사의 규모와 상관없이 어디서든 적용이 가능하다고 강조한다. 여기에 동의하는가?
- 내가 하고 있는 일이 더욱 재미있고, 회사에도 더욱 이익이 되려면 바로 지금 할 수 있는 일은 무엇인가?